Brigitte Moser
Michael Weithmann

W0034357

Kleine Geschichte Istanbuls

Verlag Friedrich Pustet
Regensburg

Umschlagmotiv:
Außenansicht der Hagia Sophia. – Farblithografie von
Gaspare Fossati, 1852. Gennadeion Library, Athen.

Bibliografische Information der Deutschen Nationalbibliothek
Die Deutsche Nationalbibliothek verzeichnet diese Publikation
in der Deutschen Nationalbibliografie; detaillierte bibliografische
Angaben sind im Internet über http://dnb.d-nb.de abrufbar.

www.pustet.de

ISBN 978-3-7917-2248-1
© 2010 Verlag Friedrich Pustet, Regensburg
Umschlaggestaltung: Atelier Seidel, Teising
Satz: Vollnhals Fotosatz, Neustadt a. d. Donau
Druck und Bindung: Friedrich Pustet, Regensburg
Printed in Germany 2010

Inhalt

Einleitung

Marmara-Ray:
In vier Minuten nach Asien und zurück

Wie zutreffend: Der Bosporus ist die Nahtstelle Europas: Dutzende von Fährschiffen queren ständig die glitzernde Wasserstraße und in einem endlosen Strom gleiten Containerschiffe, Öltanker und Kreuzfahrtschiffe an seinen Ufern entlang. Mit 50 000 Schiffsbewegungen ist die Meerenge eine der meistfrequentierten Passagen der Welt. Über die Bosporus-Brücke donnert pausenlos der Fernverkehr auf acht Spuren nach hüben und drüben und auf der monumentalen und gleichzeitig eleganten Sultan-Mehmet-Brücke reihen sich die *Kamyon* (Lastwagen) zur Güterversorgung Europas und Kleinasiens. Und 60 Meter unter Wasser ist ein gigantisches Projekt im Gange: Der *Marmara-Ray*, die Untertunnelung der Meerenge für modernste Schnellbahnen und ICE-Züge. Riesige Schwimmkräne versenken millimetergenau 11 vorgefertigte, von Beton umgebene Doppelröhren auf 1387 Metern Länge, durch die sich der Schienenverkehr auf vier Minuten zwischen „Europa und Asien" verkürzt.

Halt – Geschichte!

Im Zwei-Minuten-Takt werden die Metros unterwegs sein. Auf der europäischen Seite entsteht dafür der größte und modernste Bahnhof der Türkei: *Yenikapı* (Neues Tor). Doch als die Baumaschinen darangehen, die Fundamentgrube auszufräsen, heißt es zunächst „Stopp – Geschichte!" 2500 Jahre Urbanität haben schließlich ihre Relikte hinterlassen, Schicht auf Schicht und bis 15 Meter hoch. Feinsäuberlich dokumentieren seitdem Archäologen antike Amphoren, einen oströmischen Hafen mit Schiffswracks, die zum Teil noch mit Statuen

11

Panorama von Istanbul über der Mündung des Goldenen Horns
am Bosporus.

und Quadern beladen sind, und Körbe voller Scherben, Mün-
zen und Bauschutt der byzantinischen, der osmanischen und
türkischen Epochen, bis hin zur obersten Schicht, einer Auto-
straße der Nachkriegszeit. Und blicken die Archäologen über
den Rand ihrer Stichgräben, so finden sie sich inmitten einer
pulsierenden und vitalen Großstadt, dem modernen Istanbul.

Lob der Topografie

Die Einwohner von Byzanz bewohnen von allen Menschen unserer Welt am Meer den günstigsten Platz, was Sicherheit und Wohlstand angeht.

Polybios, 2. Jh. v. Chr.

Ertrunkenes Flusstal: Der Bosporus entsteht

Es muss ein grandioses Naturschauspiel gewesen sein: Riesige Flutwellen donnerten heran. Unvorstellbare Wassermassen durchbrachen die Erde, räumten Felsen und Hügel beiseite und stürzten brüllend auf das tiefer gelegene Land. Im weiten Umkreis bebte der Erdboden, die Gischt stieg kilometerweit in den Himmel und ergoss sich als Dauerregen auf die umliegenden Länder. Monatelang dauerte das Spektakel, fassungslos beobachtet von den Menschen, die sich die Überflutungen nur mit göttlichem Zorn erklären konnten. Alle Überlieferungen der Völker des Mittelmeerraumes und des Nahen Ostens erzählen von der großen Flutkatastrophe in der Vorzeit, die als Sintflut in die Bibel eingegangen ist.

Was war geschehen? Die Eiszeit ging zu Ende und die schmelzenden Gletscher erhöhten kontinuierlich den globalen Meeresspiegel. Auch das Mittelmeer stieg Meter für Meter an. Es füllte das Ägäis-Becken und das Marmara-Meer auf und stieß dann an eine Landbarriere, die Südosteuropa mit Kleinasien verband. Dahinter dümpelte in einer ausgedehnten Senke ein kleinflächiger Binnensee aus Süßwasser. Der Druck, den das Meerwasser auf die Landverbindung ausübte, steigerte sich. Immer mehr Salzwasser strömte in die zwei kleinen Flusstäler, die hier einmündeten, und ertränkte sie regelrecht. Dann, vor etwa 8000 Jahren, brach die letzte Nahtstelle und ungeheure Fluten wälzten sich durch die Landenge. Auch hier zeichnete ein Flusstal, das sogleich unter Wasser gesetzt wurde, den Verlauf der entstehenden Wasserstraße vor. Das Salzwasser ergoss

13

sich in den kleinen Binnensee, der dadurch zum Meer – zum Schwarzen Meer – heranwuchs. 100 000 Quadratkilometer Land verschwanden im Wasser – Land, das dicht besiedelt gewesen war und zu den am frühesten kultivierten Gebieten der Menschheit gehört hatte. Kein Wunder, dass der Mythos von der Sintflut sich von hier über die ganze Erde verbreitete.

Als sich Erde und Meer beruhigt hatten, war die Landschaft neu geformt. Das Durchbruchstal des Bosporus durchschneidet seitdem das Festland, trennt zwei Kontinente, Europa und Asien, und verbindet das Marmara-Meer, ein Randmeer des Mittelmeeres, mit dem Schwarzen Meer. Von einem „ertrunkenen Flusstal" sprechen die Geologen.

Bosporus/Bosfor/Boğaziçi

Auf 32 km Länge durchbricht der Bosporus das Festland und erreicht eine Breite von 3,3 km. An seiner engsten Stelle, im Verlauf eines deutlichen Knickpunkts, kommen sich die Kontinente Europa und Asien bis auf 660 Meter nahe. Seine Tiefe schwankt zwischen 30 und 120 Metern. Die türkische Bezeichnung lautet *Boğaziçi*, was Schlund oder Rinne bedeutet. Kulturgeschichtlich hat der Bosporus nie trennend gewirkt, im Gegenteil diente er als Kanal und als verbindende Wasserstraße. Davon kündet übrigens auch der aus dem Altgriechischen stammende Name *Bous Phoros*: „Rinderfurt".

Sowohl in der Antike wie auch in späterer Zeit überwand man den Bosporus mit so genannten Schiffsbrücken. Man verankerte dazu mehrere Schiffe und verband sie durch Holzplanken. So gelangten ganze Heere von Europa nach Asien und umgekehrt.

Innerhalb der Meeresstraßen gibt es zwei Strömungsverhältnisse: Durch den Bosporus zieht ein reißender, mehrfach von einem Ufer zum andern wechselnder kalter Oberflächenstrom vom Schwarzen Meer zur Marmara-See und weiter in etwas abgeschwächter Geschwindigkeit durch die Dardanellen ins Ägäische Meer. Am Meeresboden jedoch herrscht eine entgegengesetzte Strömung, die wärmeres und salzhaltigeres Mittelmeerwasser durch die Meerengen ins Schwarze Meer pumpt. Für die historische Ruder- und Segelschifffahrt war die Passage ins Schwarze Meer während der ersten Jahreshälfte infolge des gegenläufigen Nordwinds stark eingeschränkt.

Auch ein von Nordwesten, von Europa hereinströmender Seitenfluss versank im Wasser und sein Tal wandelte sich zu einer engen Meeresbucht, zum Goldenen Horn.

Goldenes Horn/Chryso Keras/Haliç

Der schmale Meeresarm windet sich 11 km lang und durchschnittlich 500 Meter breit ins Landesinnere. An der Mündung zum Bosporus ist er noch etwa 40 Meter tief, verflacht sich dann aber immer mehr. Der poetische Name „Goldenes Horn" – griech. *Chryso Keras* – stammt von den Strahlen der untergehenden Sonne, die seine sanften Wellen golden erscheinen lassen. Man kann dieses Naturschauspiel noch heute beobachten. Diese lang gestreckte Meeresbucht repräsentiert einen der besten und sichersten Naturhäfen der Welt.

Die Bucht wird von zwei Flüssen gespeist, den so genannten „Süßen Wassern von Europa". Das Goldene Horn, auf Türkisch *Haliç* genannt, trennt die beiden historischen Stadtteile Istanbuls, Stambul und Galata/Beyoğlu. Dichter und Künstler besangen seine Schönheit. Im 19. Jahrhundert siedelten sich Industrien an, die das Wasser allmählich in eine Kloake verwandelten. Das Projekt zur Haliç-Sanierung dauert gegenwärtig noch an.

Und so ragt zwischen dem Marmara-Meer im Süden und den Wassern des Bosporus im Osten und des Goldenen Horns im Norden ein Landsporn hervor, eine Halbinsel in der nahezu perfekten Form eines an der Spitze gekappten, gleichseitigen Dreiecks. Dies ist die Stätte der späteren Metropolen Konstantinopel und Istanbul.

Geografische Grundlagen:
»Wie ein Kranz umfängt das Meer die Stadt«
(Prokop von Kaisarea, 6. Jh.)

Gegen Westen wächst die Landzunge breit ins europäische Festland hinein. Nur von dieser Seite war demnach das spätere Stadtgebiet auf dem Landweg und ohne Schiff erreichbar. Eine natürliche Grenze gegen Westen, zur Landschaft Thrakien hin, besteht hier nicht. Die einmalige Lage zwischen Land und Meer brachte um 125 n. Chr. der Geograf Dionysios von Alexandria auf den Punkt: *Diese Stadt wird allseitig vom Meere bespült mit Ausnahme einer Seite, auf der ein schmaler Landstreifen sie mit dem festen Lande verbindet.*

Das Kerngebiet des Dreiecks selbst ist leicht gewellt und durch Bodensenken und -höhen gegliedert. Sieben Hügel werden die byzantinischen Hofschreiber des 10. Jahrhunderts dann zählen – doch nur um mit dem „siebenhügeligen Rom" gleichziehen zu können. In der topografischen Realität waren und sind diese um die 50 Meter hohen Erhebungen kaum auszumachen. Nur an der äußersten Spitze der Halbinsel, die sich noch mal nach Nordosten aufbiegt, steigt das Gelände markant empor und kulminiert in einer Höhe von 70 Metern über dem Meeresspiegel. Dieser „erste Hügel" war die Akropolis der ursprünglichen Siedlung und wird heute vom Topkapı-Sarayı eingenommen. Sowohl zum Meer wie zum Land hin fällt der Akropolis-Hügel in breiten Geländestufen ab und mildert so seine Höhenlage. Diese aussichtsreichen Terrassen werden in byzantinischer Zeit zu bevorzugten Stätten für Paläste und Kirchen werden.

Von Westen her kommend, durchmaß ein kleines Tal die spätere Stadtlandschaft. Lykos (Wolfsbach) nannten die Griechen dann das Flüsschen, das sich auf diesem Weg ins Marmara-Meer entwässert. Gespeist wurde es durch Quellen und Zuflüsse, die ihren Ausgang in einem breiten, dicht bewaldeten Höhenzug nahmen, der sich im Rücken über dem späteren Wohngebiet aus der flachen, fast steppenartigen Umgebung heraushebt. Der „Belgrader Wald" mit seinem alten Baumbestand sorgte seit jeher für Wasser und dient bis heute als grünes Naherholungsgebiet und als Trinkwasserreservoir.

Sowohl zum Goldenen Horn als auch zum Marmara-Ufer fällt das Gelände relativ steil ab, doch gliedert sich die Küste in mehrere Buchten und Lagunen, die sich als natürliche Häfen

Konstantinopel mit Galata und Pera
in byzantinischer und osmanischer Zeit.

Konstantinopel

Maßstab 1:100000 0 — 1 — 2 — 3 *Kilometer*

Namen, die sich auf die Byzantinische Zeit beziehen, in Haarschrift. **1** = Hagia Sophia
2 = Standbild Justinians **3** = Schlangensäule **4** = Verbrannte Säule Konstantins
5 = Bajesid-Moschee **6** = Moschee Sultan Walide **7** = Grab des letzten byzant.
Kaisers **8** = Griechisches Patriarchat **9** = Gefängnis des Anemas **10** = Alte
(Mahmud) **Brücke 11** = Neue (Walide) **Brücke** (beide aus d. 19. Jahrh.) ══ Stelle,
über die Mohammed II. seine Schiffe ziehen ließ.

══	Mauer Konstantins (330)
▦▦	Doppelmauer Theodosius II. (413)
▬▬	Mauer des Heraklius (627)
─ ─	Mauer des mittelalterlichen Galata
░░	Mauer des neuen Serai

Tal
der Süßen Wasser
v. Europa

Kağithane
Barbyses

Ejub Moschee

Kosmidion
(Ejub)

Aiwan Serai
Tor Kaligareia
Egri Kapu
Blachernen-Palast

Tekfir Serai

Tor des Charisius

Tor d. Pusäus

Pikridion
(Hassköi)

Goldenes Horn

Pegai
(Kassim
Pascha)

Kerkoporta
Phanar Tor
Petri Tor

Fanar

Pera
(Fyndykly)

Aianteion

Lykos

Maltepe

Tor d. des
Heiligen Romanus
(Top) Kapu,
Kanonen-tor

Resion
Rhegion

Tor v. Selymbria

Deuteron Tor
Belgrad
Kapu

Tor v.
Psamatia

Kyklobion, Heptapyrgion
(Schloß der 7 Türme)
(Jedi Kule)

Goldenes Tor

Apostel-Kirche
(Moschee Mohammeds II.)

T.d. Heil.
Theodosia

Platea

Aquädukt
des Valens

Scheich ul Islam
Perama

T.d. Heil.
Theodosius

Alt Janitschar
Viertel

Lykos

Säule
des Arkadius

T.d. Heil.
Aemilianus

Forum
des
Theodosius

Alt. Serai

Forum Konstantins

Jeni Kapu

Hafen des Eleutherius
(Theodosius)

Kontoskalion

Hafen d. Julian
(der Sophia)
(Galeeren K.)

Christus-
Turm

Galata (Sykai)

Tophane

Chrysokeras

Serai-Spitze
Sperrkette

T.d.H.Barbara

Mosch.
Suleimanije

Hohe
Pforte

Hippodrom
(Atmeidan)

Kais.
Palast

Bukoleon-Palast

Neuer Serai
(Akropolis des
griech. Byzanz)

Achor Kapu

Marmara-Meer

17

anboten. Was die Küstenlinien betrifft, so haben sie sich freilich einerseits durch natürliche Anschwemmung, andererseits durch menschliche Einwirkung im Laufe der Zeit stark verändert. Dem scharfen Uferprofil ist im 19. und 20. Jahrhundert ein bis zu 300 Meter breiter Saum aus Sedimenten und Schuttablagerung vorgelegt worden, der nicht mehr dem historischen Zustand entspricht.

Auch tektonische Landhebungen und -senkungen gestalteten die Landschaft um. In erdgeschichtlicher Hinsicht nämlich ist das gesamte Gebiet zwischen Kleinasien und dem Balkan nicht zur Ruhe gekommen. Die Erdplatten reiben sich, verhaken sich und lösen sich dann abrupt voneinander, was wir als seismische Katastrophen erfahren. Das gesamte Areal um das Marmara-Meer herum gilt als eines der am meisten durch Erd- und Seebeben gefährdeten Gebiete auf Erden.

Die Siedlungstätigkeit der Menschen hat sich von der Unruhe des Erdinneren jedoch nie beeinträchtigen lassen. Man nahm die Erdstöße hin, akzeptierte sie als höhere Gewalt und baute Zerstörtes wieder auf. Weit über 100 schwere Erdbeben überliefern uns die Chronisten der Antike, der byzantinischen und osmanischen Zeit für unsere Region, wobei man nicht den Eindruck erhält, dass sie dies trotz verheerender Zerstörungen und zahlreicher Opfer als einschneidendes Desaster gewertet hätten. Dies gilt auch für die neueste Zeit: Die letzte Katastrophe von 1999, als ein kombiniertes See- und Erdbeben mit darauf folgendem Tsunami das Marmara-Meer zum Überschwappen brachte und in Istanbul ganze Neubauviertel wie Kartenhäuser zusammenfallen ließ, ist heute so gut wie vergessen und „abgehakt".

Offensichtlich arrangiert man sich mit den Naturkräften. Für den Menschen erscheinen die geografische Lage einer potenziellen Siedlung und das damit verbundene Klima als ausschlaggebend – und da war und ist der Raum des späteren Istanbul seit jeher begünstigt. Denn seit den eingangs geschilderten erdgeschichtlichen Ereignissen pendelten sich hier klimatische Verhältnisse ein, die zwischen mediterran und kontinental schwanken: Die Sommer sind nicht allzu heiß und im Winter ist Nassschnee keine Seltenheit; bis in die unmittelbare Jetztzeit

18

waren die Niederschlagsmengen für die Wasserversorgung ausreichend. Erst die Bedrohung der natürlichen Bewaldung in der näheren Umgebung – Laub- und Nadelwälder – durch die Expansion der modernen Metropole lässt die Trinkwasserreservoire bedrohlich schrumpfen. In historischer Zeit war die Wasserversorgung kein Problem. Allerdings erfolgte sie von außen und musste durch Aquädukte gewährleistet werden, denn das eigentliche Stadtgebiet verfügt über keine ausreichenden natürlichen Quellen. Wasser wurde daher in riesigen Speichern (Zisternen) gesammelt.

Die heutige Megacity versorgt sich aus sieben Speicherseen, die im weiten Umkreis gelegen sind. Bis 2020 werden die wasserreichen Istranca-Berge in Thrakien und der Büyük Melen Fluss in Asien für die Wasserzufuhr erschlossen sein.

Das antike Byzantion

Die Stadtgründungssage:
»Sucht den Platz gegenüber den Blinden«
(Orakel von Delphi, um 660 v. Chr.)

Seit den frühesten Zeiten kreuzten sich am Südeingang des Bosporus zwei wichtige Verkehrs- und Handelsrouten: ein Landweg und ein Seeweg. Hier verlief (und verläuft) die einzige Landverbindung zwischen der Balkanhalbinsel und Kleinasien – ein Weg, den die Menschheit seit uralter Zeit genommen hatte, zuerst vom Nahen Osten nach Europa *(ex oriente lux)* und dann auch, in mehreren Völkerwellen, zurück vom Westen in den Orient.

Die Landverbindung querte den Bosporus, der selbst seit jeher zu den wichtigsten Wasserstraßen zählt, und zwar in beiden Richtungen: von Süd nach Nord und umgekehrt. Der Bosporus verbindet bis heute den Mittelmeerraum mit dem Schwarzen Meer und seinen angrenzenden Ländern. Der Argonautenmythos, eine der ältesten griechischen Sagen, deutet auf diese alte Seeverbindung hin. Den Knotenpunkt beider Verkehrsachsen bildet genau das oben beschriebene Dreieck. Dort bot eine ruhige Bucht, das Goldene Horn, vor – oder nach – der Passage des manchmal strömungsreichen Bosporus einen geschützten Ankerplatz. Eine solche Lage musste doch eine Stadt anlocken!

Trotz seiner außerordentlich günstigen Topografie ist Istanbul gesamtgeschichtlich gesehen keine sehr alte Stadt – gemessen an den uralten Stätten in seiner Umgebung. Troja am Eingang zu den Dardanellen reicht schließlich bis ins 3. Jahrtausend zurück und in Anatolien wurden überhaupt die ältesten Wohnsitze der Menschheit nachgewiesen.

Zur Gründung einer festen Siedlung kam es während der griechischen Kolonisation, als vom griechischen Mutterland aus zahlreiche Kolonien und Pflanzstädte auch an den Küsten des Marmara-Meeres und des Schwarzen Meeres angelegt wurden. Der Bosporus diente dabei als viel befahrene inner-griechische Wasserstraße.

„Stadt der Blinden"

Merkwürdigerweise legten Kolonisten aus Megara ihre erste Siedlung genau gegenüber des Dreiecks auf der asiatischen Bosporus-Seite an, nämlich Kalchedon (das heutige nach Istanbul eingemeindete *Kadıköy*). Erst 20 Jahre später, um 660 v. Chr., scheinen die Megarenser die erheblich günstigere Lage auf der europäischen Seite erkannt zu haben und erbauten eine neue Stadt: Byzantion.

Über Kalchedon wurde seitdem in der Antike als „Stadt der Blinden" gespottet. Der griechische Mythos berichtet, dass das Orakel von Delphi siedlungswilligen Kolonisten aus Megara geraten habe, sie sollten zuerst den „Platz der Blinden" suchen. Diese „Blinden" waren die Einwohner von Kalchedon, die den besseren Platz auf der Landzunge gegenüber so lange unbeachtet gelassen hatten. Ein gewisser Byzas, der den Rätselspruch gelöst hatte, habe dann sofort an der bezeichneten Stelle eine Stadt gegründet, die nach ihm den Namen Byzantion erhalten habe. Soweit das Orakel. Die Gründungssage stimmt mit der modernen Wissenschaft insofern überein, als man die ersten Anlagen der Städte Kalchedon und Byzanz in den Zeitraum 700 bis 658 v. Chr. datieren kann.

Zwischen Schwarzmeer und Marmorsee

Die griechische Stadt Byzantion hat einen raschen Aufstieg genommen. Sie überwachte den regen Schiffsverkehr zwischen dem Schwarzen Meer und der Ägäis und nahm selbst am See-handel teil. *Pontos Euxeinos* (das „gastliche Meer") nannten die Griechen das Schwarze Meer. Das Marmara-Meer galt als die *Propontis*, das dem Pontos vorgelagerte Meer. Es dient bis heute als erweitertes Hafenbecken Istanbuls. Der Name deutet auf die wertvollen Marmorbrüche auf den Inseln hin, die in antiker und byzantinischer Zeit abgebaut worden sind.

Byzanz war ein wichtiger Umschlagplatz für Getreide aus den Schwarzmeergebieten, mit dem das griechische Mutterland versorgt wurde. Gefragt war auch gepökelter Seefisch aus dem Bosporus selbst. Die Handelsgüter haben sich bis in die Frühe Neuzeit kaum verändert: Aus dem Norden kamen Korn, Felle, Leder, Honig, Wachs, Bernstein sowie nicht zuletzt Sklaven; der Süden offerierte Wein, Olivenöl und Luxuswaren. Byzanz profitierte von seiner ausgezeichneten handelspolitischen Lage, erreichte aber in der griechisch-römischen Antike nie den Rang einer überregionalen Großstadt. Sie blieb eine Polis – ein kleiner Stadtstaat – mit weitgehender Autonomie, was sich auch in ihren Bauten widerspiegelte. Auf dem höchsten, dem „ersten" Hügel, erhob sich die Akropolis, die Oberstadt mit Burg und mehreren Heiligtümern. Hier lagen auch die *Agora* (Marktplatz), das Theater und öffentliche Bauten. Für die äußerste Landspitze sind ein Poseidon- und ein Athena-Tempel überliefert. In der tief eingeschnittenen Bucht des Goldenen Horns öffneten sich zwei von der Natur vorgezeichnete Hafenbecken unterhalb der Akropolis. Weitere Häfen auf der Seite des Marmara-Meeres scheinen erst in römischer Zeit entstanden zu sein. Die Kontinuität all dieser Häfen hat sich bis heute gehalten. Auf dem anderen Ufer des Goldenen Horns entstand eine kleine Siedlung, *Sykai* (Feigen) genannt. Ihre Stelle nahm später Galata ein, die heutigen Stadtteile *Karaköy* und *Beyoğlu*.

Die leichte Erreichbarkeit der Stadt zur See zeigte selbstverständlich auch ihre Kehrseite, denn nicht nur willkommene Kauffahrtschiffe kamen heran, sondern auch feindliche Flottenverbände tauchten unvermittelt auf. Besonders verlockend waren die Mauteinnahmen, die Byzanz für die Bosporus-Passage einstrich. Belagert und blockiert wurde die Stadt daher öfters – ein Kontinuum auch dies bis in die Frühe Neuzeit –, und ein paar Mal wurde sie in der griechisch-römischen Zeit sogar erobert, bestand aber immer weiter.

Das relativ kleinflächige Gebiet der Polis war gegen die Landseite mit einer starken Mauer abgeschlossen. Die Volksstämme der Thraker blieben bis in die Römerzeit unsichere Nachbarn. Von ihnen leitet sich übrigens der Landschaftsname Thrakia/Thrakien ab. Er ist bis heute als türk. *Trakya* für den europäischen Teil der Türkei gebräuchlich. Von der Akropolis führte eine Hauptstraße hinaus ins thrakische Hinterland. Sie ist die Vorläuferin der mittelalterlichen *Mese* (Mittelstraße) und des heutigen *Divanyolu*, der Hauptstraße Istanbuls.

Während der kriegerischen Wirren in der Nachfolge Alexanders des Großen dehnte Byzanz seinen Herrschaftsbereich über den gesamten Bosporus und die Propontis-Region aus. Kalchedon und Chrysopolis (der später Skutari, türk. *Üsküdar* genannte Ort auf der asiatischen Seite) gehörten damit praktisch zu Byzanz. Bereits im 3. vorchristlichen Jahrhundert repräsentierte Byzanz also eine Stadt auf zwei Kontinenten – auch das in Kontinuität bis heute.

Mit den Römern, die im 2. Jahrhundert vor Christus nach Thrakien und Kleinasien (Asia Minor) ausgriffen, arrangierte sich Byzanz. Seit 146 v. Chr. war Byzantium – so der lateinische Name – eine *civitas libera et foederata*, eine freie und mit Rom verbündete Stadt mit weit reichenden Privilegien. Auch als Teil des Imperium Romanum blieben Sprache und Kultur in Byzantium – wie im gesamten Ostmittelmeerraum – zutiefst griechisch, hellenistisch bestimmt. Bis ins 19. Jahrhundert hinein wird die griechische Kulturprägung in Konstantinopel/Istanbul deutlich existent sein.

Die wirtschaftliche Blüte dauerte auch unter der römischen Herrschaft an. Es entstanden neue Bauten im bombastischen kaiserlich-römischen Stil, wie beispielsweise ein repräsentativer, von vier Säulenhallen umgebener zentraler Platz, das Tetrastoon, und vielleicht bereits die umfangreichen Zeuxippos-Thermen. Beide Bauwerke befanden sich im nahen Umkreis der späteren Hagia Sophia. Unter Kaiser Hadrian (117–138) wird bereits eine Wasserleitung erwähnt, welche die städtischen Badeanlagen versorgte.

Einen Rückschlag erlitt die bis dato in Frieden lebende Stadt während des Thronfolgekrieges zwischen den Kaiseranwärtern Pescennius Niger (135/140–194) und Septimius Severus (146–211). Die Einwohner von Byzantium schlugen sich auf die falsche Seite und unterstützten Pescennius Niger. Der spätere Sieger Septimius Severus ließ Byzanz daher von 193 bis 195 belagern und zur Strafe die Stadtmauern einreißen. Bald jedoch besannen sich Septimius Severus und sein Nachfolger

Caracalla (211–217) eines Besseren, bauten die Stadt am Bosporus neu aus und gaben ihr ihre Stadtrechte zurück.

Inzwischen rückte die strategische Lage von Byzantium verstärkt ins Blickfeld. Die ersten Germanenstämme – Goten und Heruler – drangen vom Schwarzen Meer aus bereits in die Ägäis ein und bewiesen die Verwundbarkeit des Römischen Reiches. Das römische Straßennetz wurde daher den neuen militärischen Richtlinien angepasst. Die Heerstraße von der Donau über Singidunum (Belgrad), Serdica (Sofija) und Adrianopolis (Edirne) weiter nach Kleinasien erfuhr einen neuen Ausbau, um rasche Truppenverlegungen zu ermöglichen. Byzantium lag genau in der Mitte und kontrollierte die gefährdete Meerenge des Bosporus. Und eine neue Verbindung gewann rasch an Bedeutung: die zwischen Italien und Kleinasien. Die berühmte Via Egnatia führte von der Reichshauptstadt Rom nach Brindisi, von dort per Schiff über die Adria nach Durrës und weiter über Thessaloniki nach Byzantium. Sie entwickelte sich rasch zu einer der Lebensadern des Reiches.

Schon die Tatsache, dass Byzantium durch die Via Egnatia direkt mit der Kaiserstadt Rom verknüpft war, lässt auf ihre im 3. Jahrhundert gestiegene strategische Bedeutung für das gesamte Imperium schließen. Den militärtaktisch denkenden Soldatenkaisern, zu denen als Letzter auch Kaiser Konstantin zählte, war die in den Schwerpunkt des Reiches gerückte neue Situation des mittlerweile 1000-jährigen Byzantion/Byzantium durchaus bewusst.

Kaiser Konstantins Entscheidung

Erst nach schweren Kämpfen war es Kaiser Konstantin gelungen, seine Rivalen aus dem Feld zu schlagen. Nachdem er seinen Mitregenten Licinius im Jahr 324 bei Chrysopolis *(Üsküdar)*, also direkt gegenüber von Byzanz, besiegt hatte, bestieg er als Alleinherrscher den römischen Kaiserthron. Byzanz hatte in jenen Wirren stark gelitten, was indes auch als ein Zeichen für die Bedeutung der Bosporus-Stadt gewertet werden darf. Wer sie besaß, hatte alle wichtigen Heerwege und Fernverbindungen des Reiches in der Hand.

Konstantin der Große (um 280–337)

Kaiser Konstantins Leben und Wirken als Augustus (Mitkaiser 305–324) und Alleinherrscher (324–337) gibt immer wieder zu historischen Neuinterpretationen Anlass. Die Hauptfrage lautet nach wie vor: Hat er das Christentum begünstigt und – wenn ja – warum? Waren er und seine Mutter Helena Christen, auch in religiöser Überzeugung? Das Bild, das die Zeitgenossen, seien es nun Heiden oder Christen, von ihm gewannen, war durchaus zwiespältig. Im Machtstreben und in Skrupellosigkeit unterschied er sich nicht von seinen soldatischen Vorgängern. Die steinernen Bildnisse, die von ihm erhalten geblieben sind, zeigen in bewusster Archaisierung und demonstrativer Grobheit einen wahrhaften Koloss, der keinen Widerspruch duldet. In der Herrschaftsauffassung hatten sich die spätrömischen Kaiser immer mehr den alten hellenistischen und orientalischen Vorstellungen vom Monarchen als Herr und Gott zugleich *(dominus et deus)* angepasst. Auch Konstantin war davon überzeugt, unterließ aber aus Rücksicht auf die Christen seine persönliche Verehrung als Gott, bestand jedoch, wie alle seine kaiserlichen Nachfolger, auf der Heiligmäßigkeit seiner Person und der Gottgegebenheit seiner Herrschaft.

Konstantins Verhältnis zum Christentum war rein machtpolitisch bedingt. Dafür steht auch die populäre Tradition, er habe erst auf dem Totenbett die Taufe empfangen. Das Christentum war gegen Ende des 3. Jahrhunderts innerhalb des Gesamtreiches zu einer machtvollen sozialen Bewegung geworden, die einfach nicht mehr ignoriert werden konnte. Und dazu waren die christlichen Gemeinden wohl organisiert, verfügten über eine klare Administration und hatten philosophisch gelehrte Männer – Kirchenväter und Bischöfe – als geistige Führer an der Spitze, die das mittlerweile verkommene antike Heidentum mit überzeugender Argumentation buchstäblich „alt aussehen" ließen. Auch die kaiserlichen Christenverfolgungen und Martyrien, soweit sie überhaupt in der uns überlieferten Form stattgefunden haben, bewirkten bei der bereits entstandenen revolutionären Massenbasis das Gegenteil und förderten den Zulauf.

Im Raum von Byzanz hatte das Christentum schon früh Fuß gefasst. Fromme Legenden berichten vom Wirken der Apostel

Kaiser Konstantin mit dem Stadtmodell. Mosaik in der inneren
Vorhalle der Hagia Sophia.

Lukas und Andreas. Obwohl die ersten gesicherten Nachrichten
über einen Bischof in Byzanz aus dem beginnenden 4. Jahrhundert stammen, dürfen wir kryptische Untergrundkirchen bereits
für das 2. Jahrhundert annehmen.

Als das Christentum die römische Mittelschicht erfasste und
damit auch die Streitkräfte des Reiches unterwanderte, bestand
Handlungsbedarf, und zwar nicht nur für die bisherigen Gegner, nämlich die römische Obrigkeit, sondern auch für die

Bischöfe, die das Anwachsen von sozialrevolutionären und schwärmerischen Sekten und Häresien innerhalb des Christentums fürchteten.

Konstantins Verdienst war es nun, beiden religiös-politischen Strömungen gerecht zu werden. Einerseits machte er endgültig Schluss mit der staatlichen Diskriminierung der Christen, holte christliche Gelehrte als Ratgeber an den Kaiserhof und beteiligte sie an den Staatsgeschäften, vermied es jedoch, die immer noch mächtigen alten „heidnischen" Eliten vor den Kopf zu stoßen. Andererseits förderte er die Einheit des neu als Verbündeten gewonnenen Christentums und berief 325 das Konzil von Nikäa ein.

Das Konzil von Nikäa (325)

Nikäa – das heutige İznik – liegt unweit vom Bosporus und von Byzanz entfernt. Konstantin weilte zum Zeitpunkt des Konzils bereits in seiner neuen, nach ihm benannten Hauptstadt und pendelte vielleicht über das Marmara-Meer von Konstantinopel hinüber nach Nikäa. Er griff aktiv in die Verhandlungen der etwa 300 versammelten Bischöfe ein. Auf dem Konzil entsprach er denjenigen christlichen Kräften, die ihn unterstützt hatten, und ließ per kaiserlichem Edikt die innerkirchlichen Gegner, die Arianer, als Staatsfeinde verdammen. Das 325 formulierte Nikäanische Glaubensbekenntnis wurde als verbindlich für das gesamte Reich festgelegt.

Konstantinou Polis – Konstantins Stadt

Die Wahl von Byzantium zur Residenz Kaiser Konstantins im Herbst des Jahres 324 war keineswegs überraschend erfolgt. Der Kaiser selbst war mütterlicherseits bithynischer, d. h. kleinasiatischer Herkunft, sein Vater, Kaiser Constantius, stammte aus Südosteuropa, und der künftige Kaiser wurde in Naissus (heute Niš in Serbien) geboren, einem wichtigen Etappenort an der Heerstraße von der Donau nach Kleinasien. Die Region um Byzanz war für ihn also verwandtschaftlich, gentil geprägt. Für spätrömische Herrscher spielte dieser Sachverhalt eine bedeutende dynastische und persönliche Rolle.

Sicher waren indessen nüchterne taktische Überlegungen ausschlaggebend, wie die bereits erwähnte geostrategische Mittellage zwischen Ost und West. Verkehrstechnisch war Byzanz sowohl zur See wie auf dem Landwege bestens erreichbar. Truppen konnten von hier rasch zu ihren Einsatzorten an den während der einsetzenden Völkerwanderung immer mehr gefährdeten Grenzen verlegt werden. Die Versorgung war gesichert. Per Schiff wurde das lebenswichtige Getreide aus Ägypten antransportiert.

Rom blieb freilich auch im 4. Jahrhundert nach wie vor die alleinige Hauptstadt des Römischen Weltreichs und das *caput mundi*, das Haupt der Welt, wenn es auch zunehmend durch Germanen und innere Unruhen in Gefahr geriet. Über die Via Egnatia aber war rasche Hilfe möglich und falls notwendig die Evakuierung der staatlichen Einrichtungen in den – noch – ruhigeren Ostteil. Man sollte in diesem Zusammenhang berücksichtigen, dass es innerhalb des Imperiums bereits mehrere Regierungssitze gegeben hatte, wie Trier, Mailand und Nikomedia (İzmit). Die volkreichsten Städte waren Antiochia und Alexandria, beide echte Weltstädte ihrer Zeit. Sie lagen im östlichen Teil des Reiches und waren fundamental griechisch-hellenistisch geprägt. Das Latein, offiziell immerhin noch die erste Amtssprache des Reiches, war hier im Ostmittelmeerraum schon keineswegs mehr allgemein gebräuchlich. Die Volksmassen sprachen die *Koine*, die griechische Allgemeinsprache, und das einheimische semitische Aramäisch, übrigens die Sprache Jesu. Latein galt als die abgehobene Sprache der Beamten, der Behörden und der Offiziere und verlor immer mehr an Bedeutung.

Byzanz nahm in dieser Frage aufgrund seiner räumlichen Nähe zu Italien und dem zum Teil lateinischsprachigen Illyricum (Südosteuropa) noch eine Mittelstellung ein: Die tiefe griechisch-hellenistische Grundprägung der Stadt am Bosporus stand zwar auch zu Zeiten Konstantins außer Frage. Doch das Lateinische war immer noch präsent, und ein Großteil der Führungsschicht war sicher – wie auch der Kaiser selbst – zweisprachig.

Eusebios' Heilsplan

Dem Kirchenlehrer Eusebios zufolge soll Konstantin seine neue Stadt von Anfang an als christliche Metropole gegründet haben. Ob der politisch denkende Kaiser das „alte" lateinische Rom, seinen Senat und die Magistrate wirklich als heidnisch eingestuft hat und im griechischen Osten mehr Chancen für das Christentum sah, dürfte jedoch eher auf einer späteren christlich-orthodoxen Interpretation beruhen. Als mögliches Argument für die Verlegung des Regierungssitzes soll diese „christliche Deutung" nicht unerwähnt bleiben.

Dem Entschluss zum Neu- und Umbau des in den vorhergehenden Kämpfen arg mitgenommenen Byzantium zu einer komplett neuen Stadt lag der Wille des Kaisers zugrunde, eine persönlich und dynastisch auf ihn zugeschnittene Residenz zu errichten. Mehrere Kaiser hatten dies bereits vorher getan: Diokletian in Spalatum (Split in Dalmatien) und Maxentius in Trier. Dass die restaurierte Stadt – die Polis – dann nach ihm, dem kaiserlichen Eigennamen, benannt werden sollte, war allgemeiner Brauch in der Antike. Konstantins Stadt – *Konstantinou Polis* – war bereits kurz nach seinem letzten Sieg über Licinius 324 in aller Munde. Der alte Name Byzanz wurde indes keineswegs vergessen. Als altehrwürdiger Terminus aus der Antike wird er sich besonders bei Gelehrten und Dichtern halten und über die nächsten Jahrhunderte tradiert werden, und im 16. Jahrhundert wird die Zeit kommen, da der antiquierte Name Byzanz im Westen als Synonym für das Oströmische Reich verwendet werden wird – und zwar bis heute.

Das Zweite Rom

Doch Konstantins Ambitionen gingen weiter. Auch der kaiserliche Hof in Rom und die römische Regierung sollten zügig umziehen können, falls es die Situation erforderte. Offensichtlich beurteilte der Kaiser die politische Situation im westlichen Teil des Imperiums illusionslos. Italien und Rom waren den neuen Gefahren aus dem Norden ungeschützt preisgegeben. Sollte es wirklich einmal zu einer erfolgreichen Invasion der Goten oder anderer Germanen kommen (die dann 410 auch stattfinden wird), sollte die Regierung von Rom rasch nach Byzanz bzw. Konstantinopolis wechseln können. Und dort sollte sie in ein urbanes Ambiente gelangen, das ihr vertraut war: Kapitol, Forum, Prätorium, Senat, Arena, Hippodrom, Thermen, Siegessäulen, eine starke Stadtmauer und dazu sogar noch sieben Hügel wie in Rom.

Eine Stadt als Museum

Um etwas Glanz der Vergangenheit zu verbreiten, ließ man aus allen Teilen des Reiches griechische Kunstwerke heranholen, die weithin sichtbar im öffentlichen Raum aufgestellt wurden. Das Hippodrom war dafür ein bevorzugter Platz: Hier stand die Quadriga, ein Gespann aus vier mit Gold überzogenen Bronzepferden. Es dürfte sich um eine römische Kopie eines Werkes des berühmten griechischen Bildhauers Lysippos handeln. Das Viergespann wurde 1204 nach Venedig gebracht. Unweit davon erhob sich die berühmte Schlangensäule, die nach den Perserkriegen dem Heiligtum von Delphi geweiht worden war. Bis ins 16. Jahrhundert werden die drei in sich verschlungenen Schlangen samt Köpfen auf Miniaturen noch gezeigt werden und zu allerlei Legenden Anlass gegeben haben.

Im Palastbereich standen angeblich über 400 antike Statuen und Reliefs aus dem gesamten Reichsgebiet. Auch die Plätze und Straßen wurden mit Figuren des Zeus, der Hera, der Athene und des Herakles ausgestattet. Manche Skulpturen – sofern nicht unbekleidet, wie z. B. Aphrodite-Figuren – ließen sich als Heilige oder Märtyrer christlich umdeuten. Beim Volk besonders beliebt waren steinerne Delfine, Löwen, Stiere und Elefanten. Zum urbanen Dekor zählten ferner marmorne Brunnenschalen, als Wasserbecken fungierende Steinsarkophage und Inschriftensteine, die allenthalben herumstanden und den antiken Charakter der Stadt betonen sollten. Man könnte fast von einer „Stadt als Museum" sprechen.

Die Begriffe *Deutere Rhome* (Zweites Rom) und *Nea Rhome* oder *Nova Roma* (Neues Rom) kamen wohl schon unter Konstantin in Umlauf, erhielten aber erst in den nachfolgenden Jahrhunderten offiziellen Charakter. Als Zugeständnis an das moderne, nun christliche Zeitalter entstanden keine neuen Tempel mehr, sondern Kirchen, Klöster und christliche Heiligtümer.

Prägend für 1000 Jahre: Das konstantinische Bauprogramm

Und so gestaltete sich auch das Bauprogramm, das ab 324 in Gang gesetzt wurde: Die relativ kleinflächige antike Stadt wurde zur Landseite hin beträchtlich erweitert und mit einer Stadtmauer (der „konstantinischen" Landmauer) abgegrenzt. Sie verlief in einem Abstand von 3 Kilometern zum Akropolis- bzw. Palasthügel. Die urbane Fläche vergrößerte sich damit um das Sechsfache. Wir dürfen davon ausgehen, dass es der kaiserlichen Verwaltung im 4. wie auch in den folgenden Jahrhunderten ohne Zwang gelungen ist, zahlreiche neue Einwohner zu gewinnen. Umsiedlungswillige römische Adelsfamilien erhielten Grund und Boden zum Bau von Palästen. Einfache Zuwanderer belohnte man mit wohlfeilem Wohnraum in neu hochgezogenen *Insulae*, den Mietshäusern für das Volk. Als besondere Attraktion erwiesen sich die kostenlosen Getreide-Zuteilungen. Das „Korn für das Volk" kam aus Ägypten. Für den regen Frachtverkehr zur See mussten bald neue Häfen an der Küste zum Marmara-Meer angelegt werden, wie der Eleutherios-Hafen an der Mündung des Lykos. Die Getreidelieferungen

Die dreifach gestaffelte Landmauer Kaiser Theodosius' II. und ihre
Wehrtürme sicherten die Stadt bis 1453.

bunkerte man in großen Magazinen und Speicherbauten. Die
neue Stadt versprach also kaiserlichen Schutz und beste Lebens-
und Einkommensverhältnisse.

Den ersten und höchsten Hügel bestimmte der Kaiser zum
Bauplatz seiner Residenz. Zunächst wurden mehrere Terrassen
in den südöstlichen Hang eingestuft, von wo sich ein weiter
Blick über das Marmara-Meer eröffnet. Welche der hier bis ins
12. Jahrhundert bezeugten Bauwerke bereits unter Konstantin
entstanden sind, ist unsicher. Für seine Zeit wird bereits die
Chalke erwähnt, der große Torbau zum Palastbereich. Aus Erz
bzw. Bronze *(chalkos)* bestanden die mächtigen Türflügel und
die Bedachung. Hinter der Chalke reihten sich Kasernen für die
Palastgarde und die Unterkünfte der Bediensteten aneinander.

Nur dem Kaiser und seinem Hofstaat vorbehalten waren der eigentliche Palastbau mit Bankett- und Speisesaal *(Triklinos)* und die kaiserliche Stephanskirche. Eine mächtige Basilika war die *Magnaura* (Große Aula), in welcher der auf einem goldenen Thron sitzende Herrscher fremde Potentaten und Gesandte empfing. Die Besucher rühmten darüber hinaus die grünen Gartenanlagen, Springbrunnen und die wundervolle Aussicht auf das Meer.

Das Palastareal wurde in der Folgezeit dicht mit Einzelbauten bedeckt, die teils isoliert standen, teils sich um Innenhöfe gruppierten. Zahlreiche Kirchenbauten und Kapellen kamen im Verlaufe der Jahrhunderte hinzu. Vielfach errichtete man Neubauten, ohne die alten Gebäude abzureißen. So kam es, dass zahlreiche Bauwerke verlassen wurden und leer standen. Nach 500 Jahren bereits glich der Baukomplex des „Großen Palastes" einem verwirrenden Gemenge aus Pracht- und Nutzbauten, einem Meer aus Kuppeln und einem Labyrinth aus Straßen, Wegen und Höfen.

Wenig blieb vom Großen Palast

Der etwa 4 km² umfassende Palastbezirk ist gegenwärtig dicht überbaut. An seiner Stelle erhebt sich der Baukomplex der Sultan-Ahmet-Moschee. Viel alte Bausubstanz ist durch die Gleisanlagen am Meeresufer verloren gegangen. Nur im Mosaikenmuseum, das die Originalwerke der Apsishalle enthält, ist die ehemalige Pracht noch zu erahnen.

Der breite Hügelrücken, auf dem sich die antike Akropolis befunden hatte, blieb merkwürdigerweise unbebaut. Wir dürfen annehmen, dass das gesamte noch brauchbare Steinmaterial des alten Byzantion in der konstantinischen Neustadt verbaut worden ist. Vielleicht gab es religiöse Gründe für Konstantin und seine Nachfolger, diese Region trotz ihrer eigentlichen „Top-Lage" zu meiden. Sie wird erst unter den Osmanen mit dem Topkapı-Palast überbaut werden. Nur die „Gotensäule", die einem der letzten Siege über die Goten gewidmet war, erhob sich weithin vom Meer aus sichtbar auf der alten Akropolis.

Einen weiteren Ausbau erfuhren die so genannten Zeuxippos-Thermen, eine geräumige öffentliche Bäderanlage. Sie lag außerhalb des Palastbezirkes und war daher für das Volk täglich zugänglich. Vor der Chalke breitete sich der kaiserliche Prunk- und Zeremonienplatz aus, das Augusteion, benannt nach der Mutter Konstantins, der Kaiserin (Augusta) Helena.

Ein Inschriftenpfeiler von hoher Symbolkraft war das *Milion*, auf welchem die Straßenentfernungen und die Namen der Provinzhauptstädte des Reiches eingemeißelt waren. Vorbild war der „Goldene Meilenstein" auf dem Forum in Rom. Das Milion markierte den Beginn der breiten Haupt- und Prozessionsstraße *(Mese)*, die das Stadtareal durchschnitt. Die Mese wurde auf beiden Seiten von Säulengängen (Portiken) flankiert, in welchen sich wohl Läden und kleine Betriebe befanden. Sie passierte durch gewölbte Toranlagen das kreisförmige, von doppelgeschossigen Säulenhallen umgebene Konstantinsforum. Der mit Marmorplatten belegte und von einer Brunnenanlage erfrischte Platz bildete das Zentrum der neuen Stadt. In der Mitte des kreisförmigen Platzes erhob sich auf einer mächtigen, 35 Meter hohen Säule die vergoldete Bronzestatue Konstantins im Habitus des antiken Sonnengottes Helios/Apollo. Dies kann als ein Zugeständnis an die zum Teil noch heidnische Einwohnerschaft gedeutet werden. Nach der Heiligsprechung des Kaisers durch die orthodoxe Kirche (als „Apostelgleicher") ließ sich dann die Strahlenkrone christlich umdeuten. Das Standbild repräsentierte bis zu einem Erdbeben, das 1106 die Statue herabstürzen ließ, das Wahrzeichen der Kaiserstadt.

Die Mese kreuzte sodann eine breite Geschäftsstraße, den großen *Embolos*, der zum Markt- und Hafenviertel am Goldenen Horn hinunterführte, und erreichte den Platz des Philadelphion. Hier stand ein Denkmal, an dessen Sockel die vier Tetrarchen-Figuren aus Porphyr angebracht waren (sie befin-

den sich heute auf dem Markusplatz in Venedig). Ein Prunk-
tor in der konstantinischen Stadtmauer gewährte Ein- und
Ausgang. Nach seinen Wandmalereien oder Mosaiken, die das
Leben Jesu darstellten, wurde es als Jesustor bezeichnet.

Ein gesellschaftlicher Brennpunkt:
Das Hippodrom, die Pferderennbahn

Als höchst wichtiges Bauwerk zur kaiserlichen Legitimation und
Repräsentation ließ Konstantin das Hippodrom in seinen noch
heute bestehenden imposanten Dimensionen ausbauen. Das Hippodrom war der zentrale Versammlungsplatz Konstantinopels. Es
befand sich unmittelbar neben den kaiserlichen Palästen. Hier
fanden Pferde- und Wagenrennen sowie Zirkusvorstellungen statt
– aber auch politische Versammlungen, Kaiserproklamationen und

sogar mehrere Volksaufstände. Die Arena war über 400 Meter lang und 150 Meter breit. Auf 40 Sitzreihen fanden 100 000 Menschen Platz. Es war einer der wenigen Orte, wo die Kaiser direkt mit dem Volk zusammenkamen. In seiner kaiserlichen Loge *(Kathisma)* stehend kommunizierte der Herrscher mit seinen Untertanen auf den Tribünen. Bei den späteren häufigen Umstürzen und Palastrevolutionen verwandelte sich das Hippodrom zu einem brodelnden Hexenkessel voller Menschen und Emotionen.

In seinen alten Ausmaßen ist das Hippodrom (türk. *At Meydanı*, Pferdeplatz) heute noch als langgestrecktes freies, zum Teil begrüntes Rechteck kenntlich. Bis zu vier Metern beträgt die Schuttschicht heute über dem Niveau des byzantinischen Platzes.

Am 11. Mai 330 weihten der Kaiser und sein Hofstaat die neue Residenzstadt ein. Seitdem sprach man von Konstantinopolis, Konstantins Stadt. Der Gründungstag der Kaiserstadt repräsentiert einen der höchsten Gedenktage des Oströmischen Reiches und wird bis heute in der orthodoxen Christenheit gefeiert.

Welche Bauten zu diesem Zeitpunkt bereits vollendet waren, wissen wir nicht. Aber die Stadtplanung und die Grundsteinlegung zahlreicher Bauwerke standen für die folgenden Jahrhunderte fest. Konstantins Nachfolger führten sein Bauprogramm fort. So entstand um 350 die erste „Große Kirche", die Vorgängerin der späteren Hagia Sophia, im Weichbild des Palastareals, welches sich auch zunehmend mit imperialen Großbauten und Basiliken (Hallen) füllte. Zeitgleich wurde, etwas landeinwärts gelegen, die mächtige Apostelkirche erbaut. Sie barg das Mausoleum Kaiser Konstantins und wird für mehr als 1000 Jahre zum Zentrum des Kaiserkultes werden. Im Aussehen soll sie dem Markusdom in Venedig geglichen haben. Der in der Nähe unter Constantius II. (337–361) errichtete Komplex der Konstantin-Thermen spricht noch für ein durchaus „heidnisch-römisches" Lebens- und Hygienegefühl der Bewohner.

Das städtische Bauprogramm schritt derweil zügig voran. Auch die wachsende Bewohnerschaft sollte am Glanz der neuen Stadt teilhaben und sich in steinernen Wohnhäusern, auf gepflasterten Straßen und von Säulenhallen umgebenen Plätzen, vor Marmor verkleideten öffentlichen Bauten und in mit Mosaik geschmückten Kirchen wohlfühlen. So entstanden unter Kaiser Theodosios I. (379–395) im Verlauf der Mese weitere öffentliche Plätze wie das vom Lykos durchflossene Taurus-Forum, benannt nach einer dort aufgestellten antiken Stier-(Tauros-)Skulptur, und das Arkadios-Forum unter seinem Sohn Arkadios (395–408).

Ansicht der Stadt Konstantinopel mit dem theodosianischen Obelisken im Hippodrom (links oben). – Holzschnitt von Michael Wolgemut aus der Schedelschen Weltchronik von 1493.

Die unterirdischen Zisternen sind monumentale Zeugen der Spätantike. Im Bild die Yerebatan-Zisterne, von den Türken poetisch „Versunkenes Schloss" genannt.

Spätantike Monumente im modernen Stadtbild

Auf allen alten Ansichten der Stadt sticht der Obelisk heraus. Kaiser Theodosios l. hat ihn inmitten des Hippodroms aufstellen lassen. Aufgrund ihrer geometrischen Regelmäßigkeit galten Obelisken seit jeher als Symbole ewiger Herrschaft. Der theodosianische Monolith stammte ursprünglich aus Karnak in Ägypten und wurde im 16. Jahrhundert v. Chr. aus Rosengranit gefertigt. Aus dieser Zeit stammen auch die in die Säule eingeschnittenen Hieroglyphen. Eine Inschrift und ein Relief auf dem Sockel schildern die Aufstellung der pharaonischen Säule im Jahre 390. Weitere Skulpturen-

gruppen zeigen Kaiser Theodosios I. inmitten seiner Familie, um-
ringt vom Kronrat und die Huldigung des Volkes empfangend.

Ein technisches Denkmal der Spätantike, das bis heute das Stadtbild dominiert, ist der Valens-Aquädukt *(Bozdoğan Kemeri)*, benannt nach Kaiser Valens (reg. 375–378). Von der ursprünglich
1000 Meter langen, auf steinernen Bögen verlaufenden Fernlei-
tung sind immerhin noch 920 Meter erhalten. Der Aquädukt
wurde von Zuleitungen aus dem Belgrader Wald und dem thraki-
schen Bergland gespeist.

Das nicht sofort verbrauchte Wasser wurde in gewaltigen, überkuppelten Zisternen gesammelt, deren Reservoire in den Untergrund eingetieft waren, um das Wasser frisch und kühl zu halten.
Zwei dieser Wasserspeicher befanden sich in unmittelbarer Palast-
nähe. Die Yerebatan-Sarayı-Zisterne liegt 15 Meter unter der
Erdoberfläche, weshalb sie von den Türken den schönen Namen
„Versunkenes Schloss" erhielt. Sie versorgte den kaiserlichen Hof
mit Wasser und machte den Regierungssitz in dieser Hinsicht
autark. Ihr Gewölbe stützt sich auf 336 Säulen von 8 Metern Höhe
mit schön geschmückten Kapitellen und führt immer noch Wasser.
Heute werden die Besucher über Holzstege geführt, begleitet von
Lichtspielen und von Klängen Beethovens oder Brahms'. Eine weitere monumentale Zisternenanlage – auch sie in den felsigen
Untergrund geschlagen – wurde nach ihrem Stifter Philoxenos
benannt. Heute trägt sie den poetischen türkischen Namen *Bin-
birdirek* („1001 Säulen").

Kaiserstadt des Oströmischen Imperiums (395–1204)

Die Reichsteilung von 395 und ihre Folgen

Gegen Ende des 4. Jahrhunderts wurden in der Reichspolitik weit reichende Weichenstellungen für die Zukunft in Gang gesetzt. Kaiser Theodosios I. erklärte 391 das Christentum zur Staatsreligion und verbot offiziell alle „heidnischen" Kulte. Ein weiterer Vorgang von ungeheurer weltgeschichtlicher Tragweite, der bis tief in unsere Gegenwart fortwirkt, war die Teilung des Römischen Reichs nach dem Tod Theodosius' im Jahre 395. Das immer noch riesige Weltreich war im Verlaufe des 3. und 4. Jahrhunderts in seiner Eigenschaft als Gesamtkörper zunehmend unregierbar geworden.

Reichsteilungen in mehrere Verwaltungseinheiten waren an sich nichts Ungewöhnliches und zählten zur gängigen Politik. Dazu wurde die politische Funktion des Caesars (Mitkaiser) und der Tetrarchen (Viertelherrscher) geschaffen. Doch die theodosianische Teilung von 395 sollte sich als endgültig erweisen. Sie folgte einerseits einer administrativen Grenzlinie, die donauabwärts fast senkrecht quer durch Südosteuropa verlief und das Mittelmeer sowie die nordafrikanische Küste teilte. Doch sie beruhte andererseits auf einer tiefgehenden kulturellen, sprachlichen und – später – religiösen Scheidung. Der Westteil *(Pars Occidentalis)* war lateinisch, römisch und später katholisch geprägt, im Ostteil *(Pars Orientalis)* blieben das Griechische und seine hellenistische Kultur immer vorherrschend. Das Lateinische verlor dort auch als Amtssprache an Bedeutung. In der Auslegung des Christentums folgten beide Reichsteile bald eigenen Wegen: Der Westen bekannte sich zum römischen Katholizismus, der Osten zur griechischen Orthodoxie. Aufgrund des alleinigen Wahrheits- und Rechtsanspruches beider Glaubensformen kam es bereits im 6. Jahrhundert zum Auseinanderdriften der „Westkirche" und der „Ostkirche". Kulminieren wird die innerchristliche Entfremdung in der offiziellen Kirchenspaltung, dem Schisma von 1054.

Auch die politischen Folgen der Reichsteilung waren gewaltig, die Einheit der Mittelmeerwelt zerfiel: Auf dem Territorium des Weströmischen Reiches etablierten sich in der Folgezeit die germanischen Königreiche der Franken, Goten und Langobarden und mit der Absetzung des letzten weströmischen Kaisers anno 476 konstatiert die Geschichtswissenschaft das „Ende des Römischen Reiches". Im Hinblick auf das Gesamtreich und besonders auf das Westreich mag das zutreffen, keineswegs jedoch für das Oströmische Reich: Dieses lebt wie selbstverständlich weiter und verteidigt – mit wechselndem Erfolg – sein Reichsgebiet, das immerhin den Balkan- und Ägäisraum und ganz Kleinasien sowie den „Fruchtbaren Halbmond" des Nahen Ostens einschließlich Ägyptens umfasst. Institutionell folgt es den römischen Traditionen, kulturell und sprachlich setzt sich schließlich das eingewurzelte Griechisch auch am Kaiserhof in Konstantinopel durch.

In seinem staatspolitischen Selbstverständnis und seiner christlichen Reichsideologie wird sich das Oströmische Reich bis zu seinem Ende 1453 immer als der rechtmäßige Nachfolger des Römischen Gesamtreiches sehen. Sein Name bleibt deshalb unverändert das „Reich der Römer" bzw. auf Griechisch „der Rhomäer". Der Kunstbegriff „Byzantinisches Reich" kommt dagegen erst im 16. Jahrhundert im Abendland auf und ist eine Wortprägung humanistischer Gelehrter.

Das Neue Rom

Die Konsequenzen für die beiden Hauptstädte des Imperiums waren absehbar. Rom wurde mehrfach erobert und verlor wegen der äußeren Gefahren seine Hauptstadtfunktion zugunsten Ravennas und anderer Städte. Die altehrwürdige Weltstadt am Tiber sank für das nächste halbe Millennium buchstäblich zu einer verlassenen Trümmerwüste herab. Und Konstantinopel? *Als im halbverödeten Rom die Rinderherden übers ehemalige*

Forum stapften (Ferdinand Gregorovius), stieg die Stadt am Bosporus, bisher das „Zweite Rom", zur einzigen Kaiserstadt, zum nun wahrhaft „Neuen Rom" empor! Kirchenrechtlich wurde es zum Sitz eines Patriarchen erhoben und nahm damit auch in religiöser Hinsicht einen der höchsten Ränge der Christenheit ein. Aufgrund der Nähe zum Herrscherhof kam dem griechisch-orthodoxen ökumenischen Patriarchen von Konstantinopel in byzantinischer Zeit (und auch darüber hinaus) in religiöser und politischer Hinsicht eine eminent wichtige Rolle zu. Hatte Konstantin die neue Stadt „antik überformt", so schufen Theodosios und seine christlichen Nachfolger eine neue christliche Urbanität.

Bereits gegen Ende des 4. Jahrhunderts erwies sich das Stadtareal innerhalb der konstantinischen Stadtmauer als zu klein. Der Zuzug von außen, auch aus dem Westteil des Reiches, verstärkte sich angesichts der prekären außenpolitischen Lage und der wirtschaftlichen Schwierigkeiten. Während sich das Land und die Städte im weiteren Umland entleerten, ballten sich immer mehr Menschen hinter den Mauern der Kaiserstadt zusammen. Das sich immer weiter vergrößernde Markt- und Handelsvolumen, die neuen Häfen, die Werkstätten, Heer und Marine boten Arbeit und Unterhalt, zudem lockten Brot und Spiele und vom Tisch der Kaiserpaläste und der zahlreich vertretenen Reichen fielen immer wieder Brosamen für die Armen ab. Im unbefestigten Vorfeld wuchsen bereits Siedlungen um Kirchen und Klöster heran. Auch lagen dort Felder, Äcker und Gutshöfe, die für die Versorgung wichtig waren.

Kaiser Theodosios II. (408–450) schritt zur Tat und leitete eine umfangreiche Stadterweiterung ein. Die urbane Region – bisher etwa 6 km² – verdoppelte sich, ja wuchs auf 14 km² an!

Massive Landmauern

Ein monumentales neues Befestigungssystem riegelte das erweiterte Stadtgebiet gegen die gefährdete Landseite ab. Mit dem Bau der theodosianischen Landmauern wurde 412 begonnen. Ihre Vollendung dürfte sich bis Ende des Jahrhunderts hingezogen haben. Der Aufwand hat sich indessen gelohnt, denn die dreifach gestaffelten Wehrmauern, die sich bis zu einer Höhe von 11 Metern aufbauten, die Wassergräben und die insgesamt 178 Türme mit 5 Metern Mauerstärke werden sich in den nächsten 1000 Jahren in der Tat für Feinde als unüberwindlich erweisen. Sieben prächtig ausgeschmückte Tore gewährten Einlass ins Stadtgebiet. Als Triumphtore dienten das „Goldene Tor", das Romanos-Tor und das Charisios- oder Adrianopler-Tor. Die 6,7 km langen Landmauern sind streckenweise noch überraschend gut erhalten und zum Teil rekonstruiert und begehbar.

Bis ins 19. Jahrhundert hinein wird sich das Stadtareal nicht wesentlich über den Mauerring des 5. Jahrhunderts hinaus erstrecken. Andererseits wurde nicht alles innerhalb des neuen Verteidigungsringes bebaut und besiedelt: Weite Flächen dienten auch in der Folgezeit als Gartengelände und Weidegründe.

Die Mese wurde nun gegen Westen weitergeführt. Sie teilte sich beim Kapitol – das zu einer Hochschule umgewandelt worden war – und führte in nördlicher Richtung zur Apostelkirche und zum Charisios-Tor der Landmauer. Ihr Hauptstrang, die kaiserliche Triumphstraße, verlief durch das Goldene

Detail der Landmauern. – Rekonstruktionszeichnung.

Tor und knüpfte an die Via Egnatia an. Beide Hauptstraßen gabelten sich mehrfach und mündeten in ein neu angelegtes fächerförmiges Straßennetz, welches alle 14 Stadtbezirke innerhalb der Mauern verband.

Während der Regierungszeit Kaiser Justinians (527–565) erfolgte die letzte umfangreiche städtebauliche Phase der Kaiserstadt. Das vom Kaiser (und seiner berühmten Gemahlin Theodora) initiierte Bauprogramm wird das Stadtbild Konstantinopels in architektonischer wie geistiger Hinsicht über 900 Jahre bis zum Ende des Oströmischen Reiches 1453 bestimmen. Justinians Kirchen- und Palastbauten, besonders die Hagia Sophia, repräsentieren das Fundament des nun, nach dem Niedergang der Stadt Rom, entstandenen neuen alleinigen christlichen Weltreiches, das bereits seine *Orthodoxia* (Rechtgläubigkeit) betont. Es gelang Justinian sogar, den politischen Alleinvertretungsanspruch durchzusetzen und Teile des alten Westreiches für einige Zeit zurückzuerobern. Innenpolitisch musste er jedoch 532 den Nika-Aufstand niederschlagen, einen Aufruhr des Stadtvolkes von Konstantinopel, über dessen Hintergründe wenig bekannt ist. Angeblich ging er von den Zirkusparteien im Hippodrom aus, die den Kampfruf „Siege!" *(Nika!)* anstimmten. Es muss sich jedenfalls um einen gewaltigen Tumult gehandelt haben, an dem ein Großteil der Bevölkerung beteiligt war. Anders ist es nicht zu erklären, dass in den schweren Kämpfen Teile des Palastviertels verwüstet wurden und selbst Kirchen in Flammen aufgingen.

Nach Beruhigung der Lage ließen Justinian und Theodora die Trümmer beseitigen und neue Bauwerke hochziehen, schöner, fester und beständiger als zuvor. Auf dem ersten Hügel wurde die alte konstantinische Residenz zu einer regelrechten eigenen Palaststadt erweitert. Sie bildete einen eigenen, nach den Erfahrungen des Volksaufstands streng nach außen hin abgeschirmten Bezirk, eine Stadt in der Stadt. Das Chalke-Tor, das den Zugang bewachte, wurde beträchtlich verstärkt. Ein riesiges Bild des Pantokrators – Christus als Weltenherrscher – blickte von der Außenwand des Torbaus prüfend auf jeden Ankömmling herab. Nur über schwer gesicherte Übergänge, die von den kaiserlichen Gemächern in die Reichskirche Hagia

Sophia und in die Kaiserloge des Hippodroms führten, traten Herrscher und Hofstaat in Verbindung zum Volk.

Etwas unterhalb des Großen Palastes ließen sich Justinian und Theodora einen kleineren, kastellartigen Wohnsitz errichten, dessen Südflügel direkt an das Becken des Bukoleon-Hafen grenzte. Daher setzte sich die Bezeichnung Bukoleon-Palast durch. Der Name Bukoleon wiederum leitet sich von einer antiken Figurengruppe im Hafen ab, die einen Stier *(Bous)* und einen Löwen *(Leon)* zeigte. Über dem Hafen erhob sich der Pharos, der Leuchtturm, eine kleinere Ausgabe des berühmten Vorbilds in Alexandria. Hohlspiegel bündelten den Kreidefeuerschein, der weit ins Marmara-Meer leuchtete. Durch breite Prunktreppen war der am Ufer des Meers erbaute Seepalast mit dem darüberliegenden Regierungspalast verbunden.

„Salomon, ich habe Dich übertroffen!"

(Kaiser Justinian, 537)

Das wichtigste Monument aus oströmischer Zeit, das die Stadt bis heute dominiert, ist die Kirche der Heiligen Weisheit (griech. Hagia Sophia). Ihr Vorgängerbau, die „Große Kirche", war im Nika-Aufstand 532 zerstört worden. Justinian ließ an ihrer Stelle einen neuen, aber weitaus prächtigeren Bau errichten. Bereits im Rohbau galt er den Zeitgenossen als das „achte Weltwunder". Die Einweihung erfolgte im Jahre 537 durch den Kaiser. Die neue Kirche, auf einer der höchsten Stellen der Stadt gelegen und mit ihrer vergoldeten Kuppel weithin sichtbar glänzend, sollte die Staats- und Krönungskirche des Reiches und der geistliche Mittelpunkt der Christenheit sein. Das erklärt ihre gewaltigen Dimensionen, die aus allen Teilen des Reiches herangeschafften Säulen und Kapitelle aus Marmor, Alabaster, Porphyr und Basalt, das überall angebrachte Gold und den reichen Mosaikschmuck.

Nach wiederholten Erdbebenschäden erhielt die Kirche der Heiligen Weisheit in den Jahren 558 bis 562 ihre heutige Bauform. Erdstöße haben der Kirche übrigens im Laufe der fast 1500 Jahre ihrer Existenz immer wieder schwer zugesetzt.

Davon künden die massiven Stützmauern, die den eigentlichen Kirchenbau verdecken.

Die Architekten planten, angeblich vom Kaiserpaar selbst beraten, einen wohlproportionierten und genau berechneten Zentralbau über dem rechteckigen Grundriss einer Basilika, der von einer ausladenden Kuppel überwölbt wird. Diese bautechnische Meisterleistung ist nach mehreren Versuchen schließlich gelungen, wobei die praktische Ausführung bis heute nicht in allen Einzelheiten geklärt ist. Die Konstruktion der Kuppel erweckt den Eindruck, sie schwebe schwerelos über dem Kircheninneren, als wäre *sie mit einer goldenen Kette im Himmel verankert!* Die Bauform des überkuppelten Zentralbaus ist charakteristisch für die orthodoxe Sakralarchitektur und wird, wie unschwer zu erkennen ist, auch Leitbild für die späteren osmanischen Moscheebauten.

Hagia Sophia: Kirche der Heiligen Weisheit

Die Hagia Sophia war für fast 1000 Jahre das größte und bedeutendste Heiligtum der Christenheit. Der Petersdom zu Rom, der in seiner gegenwärtigen Form an Baumasse gewaltiger ist und heute als „größte christliche Kirche" gilt, ist der Konstantinopler Patriarchen- und Kaiserkirche gegenüber ein „Emporkömmling" des 16. und 17. Jahrhunderts, ein Parvenü des Barockzeitalters. Als Michelangelo um das Jahr 1550 die Kuppel der Peterskirche berechnete, bestand die Hagia Sophia schon 1000 Jahre.

Die Kirche der Heiligen Weisheit ist ein Bauwerk von überzeitlicher historischer und kunstgeschichtlicher Bedeutung, und ihre Erforschung ist noch längst nicht abgeschlossen. Und dass das Heiligtum ein emotionaler Ort der Kraft ist, wird jedem Besucher deutlich, der sich dem unvergleichlichen Raumgefühl dieses gewaltigen Kuppelbaues hingibt, das durch das feierliche Halbdunkel noch erhöht wird. Überragend ist die Rolle der Sophienkirche für die Geistesgeschichte Europas, denn sie lässt den Reisenden, der aus dem katholisch-protestantischen Bereich Süd-, West- und Nordeuropas kommt, wissen, dass Europa über eine Osthälfte verfügt, und dass Europas Osten zutiefst von der byzantinischen Orthodoxie geprägt worden ist. Das Symbol für diese ostchristliche Welt war, ist und bleibt die Hagia Sophia.

Hagia Sophia, Blick ins Innere nach Osten. Die Kirche der Heiligen Weisheit wurde 537 unter Kaiser Justinian I. eingeweiht. – Lithografie von Gaspare Fossati, 1852.

In enger Verbindung mit der Hagia Sophia stand die Kirche des Heiligen Friedens (*Hagia Eirene, Aya Irini,* Irenenkirche). Der Überlieferung nach soll sie bereits unter Konstantin gegründet worden sein. Ihre gegenwärtige Bauform als Kuppelbasilika geht auf Justinian zurück. Während der gesamten byzantinischen Epoche standen die Kirchen der Heiligen Weisheit und des Heiligen Friedens in engster Beziehung zum Kaiserhof und zum Patriarchat.

Auf dem Augusteion vor der Hagia Sophia, dem zentralen Aufmarsch- und Zeremonienplatz vor dem Palastbezirk, ließ der stolze Bauherr Justinian auf einer 30 Meter hohen Säule sein Reiterstandbild mit imperialer Geste aufstellen. Bis ins 16. Jahrhundert soll es dort gestanden haben.

Über die Lebensverhältnisse der einfachen Stadtbevölkerung geben einige Bestimmungen aus den kaiserlichen Gesetzeswerken (Codex Theodosiani und Codex Justiniani) interessante Hinweise. Sie betreffen die genaue Regelung der seitlichen Abstände von Wohnbauten und deren Geschosshöhe und lassen auf rechteckige Baukomplexe schließen, die um einen Innenhof gruppiert waren. Solche aus Ziegel erbauten, meist zweigeschossigen Wohneinheiten boten zahlreichen Familien ausreichenden Wohnraum. Holz als äußeres Baumaterial war nicht zugelassen. Wie im gesamten Orient herrschten Flachdächer vor, auf denen Regenwasser gesammelt wurde, und auf denen sich im Sommer das häusliche Leben abspielte.

Die urbanen Grundlagen des 1000-jährigen Konstantinopels wurden im Wesentlichen von den Kaisern Konstantin, Theodosios II. und Justinian – also im Zeitraum vom 4. bis ins 6. Jahrhundert hinein – gelegt und später nicht mehr verändert. Eine Ausnahme bildet das Palastviertel, das innere Zentrum des Kaiserreiches, das mehrfach seinen Platz wechselte. Ansonsten blieb die städtische Infrastruktur der „alten Tradition" verpflichtet – Neuerungen und Änderungen waren der konservativen Orthodoxie auch fremd. So wird sich das byzantinische Stadtbild vom 7. bis ins 15. Jahrhundert auf Restauration, Wiederherstellung im alten Stil und notwendige Reparaturen des Althergebrachten beschränken.

Ein Abbild des himmlischen Jerusalem

So wie sich bereits in der Spätantike das äußere Bild der Kaiserstadt konstituiert hatte, so entstanden auch in diesen entscheidenden Jahrhunderten die Idee des christlichen Kaisertums und die Ausprägung der „byzantinischen" Reichstheologie, nämlich eine Synthese aus christlich-orthodoxem Glauben und hellenistischer Erbmonarchie auf dem Boden der römischen Administration. Das reiche antike Erbe an Wissen wurde weitertradiert. Träger der Bildung waren dabei der kaiserliche Hof und seine Schulen sowie die zahlreichen Klöster. Seit dem 7. Jahrhundert setzte sich in Konstantinopel die griechische Sprache nicht nur als Volkssprache, sondern auch als Sprache der Liturgie und der Ämter durch.

Byzanz als Gottesreich

Der Kirchenvater Eusebios von Kaisarea formulierte im Jahre 335/336 in seiner Festrede zur 30-Jahr-Feier der Herrschaft Konstantins die Grundzüge des kommenden „byzantinischen" Christenreiches. Das irdische Reich sollte eine Nachbildung des himmlischen Gottesreiches sein, wozu der Kaiser (Autokrator, „Selbstherrscher" oder Basileus, Großkönig, genannt) von Gott selbst als Statthalter auf Erden eingesetzt wird. Kaiser und Reich sind der „Nachahmung Christi" verpflichtet. Die unbeschränkte weltliche Machtstellung des Kaisers korrespondiert mit der Unterordnung der Reichskirche (bzw. der Harmonia oder der Symphonia von Welt und Kirche) unter das Kaisertum. Dem Kaiser obliegt die Ein- und Absetzung von Patriarchen und Bischöfen, die Einberufung von Konzilien und das letzte Wort in strittigen Kirchenfragen. Byzanz zeigte daher bis zu seinem Ende 1453 deutliche Züge einer Theokratie. Die Verselbstständigung der Kirche als weltlicher Machtträger, wie es für den Westen kennzeichnend war, fand nicht statt. Einen politischen Antagonismus zwischen Staat und Kirche (Kaiser und Papst) wie im lateinischen Westen hat es daher in Byzanz nicht gegeben. Auch dieser Sachverhalt wird zum Auseinanderleben von päpstlicher Westkirche und byzantinischer Ostkirche beigetragen haben.

In den Augen der Zeitgenossen Justinians und besonders in den kargen Jahrhunderten des frühen Mittelalters kam Konstantinopel dem „Abbild des himmlischen Jerusalems" recht nahe. Die „gottbehütete" Kaiserstadt stand wegen der zahlreichen Reliquien innerhalb ihrer Mauern im Ruche der Heiligkeit. Das Palastgelände umschloss einen besonders heiligen Bezirk, in welchem die wertvollsten Heiltümer aufbewahrt wurden: die Christus-Reliquien wie das Heilige Tuch von Edessa mit dem Christusantlitz, Kreuzesnägel, das Gewand Christi und das Haupt Johannes des Täufers. Die Hodegetria-Kirche (Maria als Wegbegleiterin) am Südosthang des Palasthügels barg das nach byzantinischer Tradition vom Evangelisten Lukas noch zu ihren Lebzeiten gemalte Bildnis (Eikon, Ikone) Mariens.

Die Hagia Sophia firmierte als neuer und wahrer Tempel Salomons. Und über 130 Marienkirchen ließen die Stadt in den Augen der Gläubigen zur irdischen Wohnstätte der Gottesmutter (griech. Theotokos, „Gottesgebärerin", oder Panhagia, die „Allheilige") werden. Die Panhagia, die siegreiche Jungfrau und Gottesmutter, war es auch, die in den Augen der Byzantiner ihre Stadt vor aller Unbill bewahren sollte.

Ausgeprägt war die christliche Topografie der Stadt: Allen Reisenden fiel die hohe Anzahl der Kirchen auf. Nach historischen Handbüchern sollen es mehr als 500 gewesen sein – wovon der überwiegende Teil freilich aus kleinräumigen Kapellen und einfachen Gebetsstätten bestand. Nur wenige Gotteshäuser ragten mit ihren Kuppeln aus dem Häusermeer empor oder galten als *peripleptos* (von rundum sichtbar). In den Himmel zeigende Glockentürme – die eigentlichen Wahrzeichen des westlichen Kirchenbaus – sind in der Ostkirche nicht üblich. Die Stadt war darüber hinaus ein monastisches Zentrum. Mönche stellten einen nicht unbedeutenden Teil der Bevölkerung. Von den über 300 überlieferten Klöstern kam aber nur den wenigen, die über Skriptorien und Schulen verfügten, wie dem Studiou- und dem Pantokrator-Kloster, überregionale Bedeutung zu. Vielen der kleineren Klöster waren Krankenstätten oder Pilgerhospize angeschlossen.

Der gesamte betriebsame Alltag war – wenn wir den meist geistlichen Geschichtsschreibern Glauben schenken – von tiefer

Frömmigkeit durchdrungen. Sie zeigte sich in kontemplativer Ikonenverehrung zuhause genauso wie in volkreichen, von Weihrauch umhüllten Prozessionen, die mindestens einmal in der Woche die Stadt durchzogen.

Apokalyptische Gedanken

Himmlisches Heil und irdischer Untergang gingen im früheren Christentum eine enge Verbindung ein. Das eine bedingte das andere – die Gedankenwelt der Apokalypse war daher immer präsent. Die byzantinische Reichseschatologie zog stets den „Fall Konstantinopels" in Betracht. Er bedeutete einerseits das Ende der Christenheit, ja der Welt, war andererseits aber ein Zeichen für die Wiederkunft Christi. Zahlreiche Mystiker versuchten, Art und Weise und das Datum des „Untergangs" zu errechnen. Manche sollen den Jahreszahlen 1204 und 1453 schon recht nahe gekommen sein.

Im Jahrhundert nach Justinian häuften sich Naturkatastrophen und schwere politische Rückschläge. Erdbeben und Flutwellen erschütterten den gesamten Ostmittelmeerraum und Seuchen wüteten auch in der Kaiserstadt. Gegenüber neuen Reichsfeinden, den Avaren, Slaven, Persern und Arabern, geriet das Reich in die Defensive.

Die „Gottbehütete Kaiserstadt"

Im Jahr 626 umschloss zum ersten Mal ein feindlicher Belagerungsring die Stadt. Schon damals waren Türken bzw. Turkvölker, nämlich die Avaren, beteiligt. Sie geboten über zahlreiche slavische Stämme, die sie gegen die Kaiserstadt ins Feld schickten. Auf der asiatischen Bosporusseite wartete derweil ein persisch-sassanidisches Heer die Ereignisse ab. Doch die Angriffe der „Barbaren" scheiterten an der Festigkeit der dreifachen Landmauer. Als gefährdet hatten sich indes die beiden Seeseiten erwiesen, besonders die Küstenlinie zum Goldenen Horn. Nach dem Abzug der Feinde wurden daher die dortigen Seemauern verstärkt.

Die Seemauern

Auf der Meerseite ziehen sich die Befestigungsmauern entlang des Ufers des Goldenen Horns über rund 5 km Länge hin. Zum Teil sind sie als Doppelmauer gestaltet. Zum Marmara-Meer hin beträgt ihre Länge knapp 9 km, bestehend aus nur einem Mauerzug von 11 Metern Höhe, der auch mehrere Hafenanlagen mit einbezieht. Insgesamt verfügten die Befestigungsanlagen zur Seeseite über 110 Wehrtürme. Dem Bahnbau an der Marmara-Seite und den Gewerbebezirken am Goldenen Horn ist der Großteil der historischen Mauern zum Opfer gefallen. Gut erhalten ist der *Mermer Kule* (Marmorturm) an der Verbindungsstelle der Marmara-Seemauer mit der Landmauer.

Trotz des Abwehrsieges von 626 ging die Bevölkerungszahl offenbar zurück. Ein Zeichen dafür ist, dass die außerhalb der Stadtmauer gelegene Wasserzufuhr zum Valens-Aquädukt, die während der Kampfhandlungen zerstört wurde, erst 120 Jahre später wieder in Betrieb genommen wurde.

Am nordwestlichen Eckpunkt der Stadt, wo die Landmauer auf das Goldene Horn und die Seemauer traf, entwickelte sich ein neues Regierungs- und Palastquartier „in den Blachernen" („in den Farnwiesen"). Militärisch sollte damit ein besonders kritisches Areal gesichert werden. Geistliches Fundament war die der Panhagia geweihte Blachernen-Kirche, die auf das 5. Jahrhundert zurückging. Sie barg eine Marienikone, die sich im Kampf von 626 als wundertätig erwiesen haben soll. Hoch verehrt wurde auch das dort gezeigte Maphorion, das Schleiertuch Mariens. Die Kombination der „weltlichen", starken und technisch überlegenen Wehranlagen mit der religiösen Sphäre der Hingabe an die Wundertätigkeit der göttlichen Stadtbeschützer sollte sich auch in allen kommenden Prüfungen als hilfreich erweisen.

Eine prekäre Situation für Byzanz bewirkte die rasche Expansion des Islam im 7. Jahrhundert: Der Vormarsch der Araber hatte den territorialen Verlust des gesamten „Fruchtbaren Halbmonds" zur Folge; die Eroberung Ägyptens durch die Muslime im Jahre 642 brachte die Versorgung Konstantinopels mit Getreide zum Erliegen; von 674 bis 678 bedrohte eine arabische Flotte die Kaiserstadt von See her. Wagemutige muslimische Glaubenskämpfer drangen sogar ins Goldene Horn ein, darunter Eyüp (Hiob), der Fahnenträger des Propheten. An der Stelle, an der er fiel und sein wundertätiges Grab bei der osmanischen Belagerung 1453 wieder aufgefunden wurde, erhebt sich heute die muslimische Wallfahrtstätte Eyüp.

Griechisches Feuer

Nur der Einsatz des „Griechischen Feuers" rettete Stadt und Reich. Das leicht entflammbare Gemisch aus Erdöl, Schwefel und Salpeter wurde von den byzantinischen Dromonen (Kampfschiffen) aus riesigen Druckpumpen über große Entfernungen auf die feindlichen Schiffe geschossen und mit Brandpfeilen entzündet. Während der siegreichen Seeschlacht im Marmara-Meer reckte die auf der Seemauer versammelte Geistlichkeit die wundertätigen Ikonen gen Himmel. Wieder hatte sich die Verbindung aus technischem Fortschritt und religiöser Hingabe als rettend erwiesen – genauso wie im Entscheidungsjahr 717, als die Byzantiner einem weiteren groß angelegten Seeunternehmen der Araber mit einer gewaltigen eisernen Sperrkette begegneten, die das Goldene Horn abriegelte und durch einen Absenk- und Hebemechanismus die feindlichen Schiffe in die Fluten schmetterte.

Gegen die militärische und religionspolitische Bedrohung, die vom kulturell hochstehenden muslimischen Kalifat ausging, fallen die zahlreichen Angriffe, die Konstantinopel von der Landseite abzuwehren hatte, deutlich ab. Meist waren es aus Mittelasien und aus der ukrainischen Steppe hervorbrechende Reitervölker, die nach vergeblichen Überraschungsangriffen wieder abzogen, wie die Bulgaren 812, die Ungarn 934 oder die Petschenegen 1090. Es genügte, das „Goldene Tor" zu schließen, die Zugbrücken hochzuziehen und auf die wundertätige Hilfe der die „Stadt beschützenden Gottesmutter" zu setzen. Die waffenstarrende Landmauer erwies sich verlässlich als unbezwingbarer Sperrriegel.

Genauso verlässlich agierte die versierte oströmische Diplomatie, die es meisterhaft verstand, die „Barbarenvölker" gegenseitig auszuspielen und zu neutralisieren. Im Mittelpunkt stand die haushohe kulturelle und gesellschaftliche Überlegenheit des Kai-

Das „Griechische Feuer" rettet die Stadt 677 vor den Angriffen der Araber.
– Buchillustration aus der Madrider Bilderhandschrift des Skylitzes,
13. Jahrhundert.

serreiches, die eine unwiderstehliche Anziehungskraft auf die
slavischen, turkvölkischen und germanischen Nachbarn ausübte.

Hauptstadt des oströmischen Kulturraumes

Ernst zu nehmende Gegner waren die Bulgaren, die den südost-
europäischen Reichsteil besetzten. Byzanz erwehrte sich ihrer, indem
es die bulgarischen und slavischen Heiden des Balkanraumes
christlich-orthodox missionierte und in seinen kulturellen Bann-
kreis mit einbezog. Die Bekehrung der Bulgaren war 865 vollendet.
Ähnlich erging es den aus Schweden über die russischen Ströme bis
Konstantinopel vorstoßenden Warägern, den Gründern des Russischen Reiches: 988 nahmen sie das Christentum byzantinischer
Prägung an. Ende des 10. Jahrhunderts gehörten der gesamte
Balkanraum – Bulgarien und Serbien – sowie das riesige russische
Territorium zum byzantinischen Kulturkreis. Die Metropole des
byzantinischen Universums war Konstantinopel – von den Slaven
ehrfürchtig „Zargrad", Stadt des Zaren (des Kaisers), genannt.

Als unheilvoller für das Reich als Angriffe von außen erwiesen
sich die zahlreichen inneren Thronwirren, Kaisermorde und
Revolten, die Byzanz vom 7. bis 9. Jahrhundert heimsuchten

und in deren Verlauf Usurpatoren und Gegenkaiser die eigene Stadt belagerten. Mit besonderer Inbrunst und ideologischer Verbitterung wurde der Bilderstreit geführt. Ikonoklasten (Bilderstürmer) und Ikonodoulen (wörtlich: Bilderdiener) standen sich von 726 bis 843 unversöhnlich gegenüber. Ausgangspunkt war das im Alten Testament ausgesprochene Bilderverbot im religiösen Kultus und wohl auch das entsprechende islamische Vorbild. Der zunächst innerreligiöse Streit eskalierte zu einem Bürgerkrieg, dem zahlreiche Ikonen, Mosaike und Skulpturen, ja ganze Kirchen und Klöster zum Opfer fielen.

Schließlich gewannen die Bilderverehrer mit Hilfe des gläubigen Kirchenvolkes und des Klerus wieder die Oberhand. Nachdem sich die Lage beruhigt hatte, erstanden Bildwerke und Mosaike in der gleichen Pracht wie zuvor. Ausgehend von der Hagia Sophia und der Apostelkirche wurden die während des Bilderstreits in Mitleidenschaft gezogenen Heiligtümer der Stadt neu ausgeschmückt. Als eifriger Restaurator und Bauherr betätigte sich Kaiser Basileios I. (867–886), der den alten justinianischen Palast auf dem ersten Hügel wieder mit farbenprächtigen Bildwerken ausstatten und eine neue Palastkirche, „die Neue" genannt, errichten ließ.

Auf Basileios' Gründung geht wohl auch der in den byzantinischen Quellen oft erwähnte 5-stöckige Manganen-Palast zurück, der sich bei den Zeughäusern und Magazinen *(Manganeia)* direkt seeseitig unterhalb des Akropolis-Hügels befand und einen Ausblick auf die Mündung des Bosporus ins Marmara-Meer und auf die asiatische Seite ermöglichte. Eine schwere Kette, die auf hölzernen Schwimmern auflag, konnte von hier bis zum Leanderturm auf einem kleinen Felseninselchen inmitten des Bosporus gespannt werden. Auf diese Weise entstand ein künstlicher Engpass in der Wasserstraße, der die Kontrolle und Zollüberwachung der Bosporus-Schifffahrt ermöglichte.

Sein Sohn Leo der Weise (886–912) wirkte als Gesetzgeber. Aus seinen Bestimmungen zur Lebensmittelversorgung und zur Handwerkertätigkeit können wir schließen, dass das gesamte Gebiet zwischen den Häfen am Goldenen Horn und der inneren Mese ein lebendiges Geschäfts- und Marktviertel war. Hauptachse und zugleich Straßenmarkt für den täglichen Bedarf (Brot, Wein, Öl, Fisch) war der Makros Embolos, der das Gewerbegebiet durchzog. Seitwärts befanden sich Werkstätten und Ladenlokale für das verarbeitende Gewerbe. Die Waren wurden, wie in den mittelalterlichen Städten des Abendlandes und heute noch im Orient üblich, nach dem Prinzip der Branchensortierung angeboten, d. h. es gab jeweils eigene Ladenzeilen für Tuchhändler, für Kupferschmiede, für Wachszieher oder für Juweliere.

„Im Purpur geboren ...“

Mit Konstantin VII. bestieg 912 ein Gelehrter von Rang den oströmischen Kaiserthron. Bezeichnend ist sein Beiname *„Porphyrogenetos"* (der Purpurgeborene), der auf die Porphyra, die mit purpurroten Platten aus Porphyr ausgekleidete Geburtskammer innerhalb des „Großen Palastes", verweist. Nur wer hier geboren wurde, konnte sicher sein, Sohn oder Tochter eines sich in Amt und Würden befindlichen Kaisers zu sein.

Konstantin verfasste in seiner Regierungszeit bis 959 zwei literarische Werke von Weltrang. Das „Zeremonienbuch" klärt uns minutiös über den Hofstaat, die Beamtenschaft und das höfische Zeremoniell auf. In der Schrift „Wie man das Reich verwaltet" berichtet er über den Staatsaufbau, aber auch über fremde Völker und ihre Sitten und Gebräuche. Konstantin Porphyrogenetos soll auch den „zweiten Obelisken" auf dem Hippodrom aufgestellt bzw. renoviert haben. Diese Spitzsäule ist als „Gemauerter Koloss" bekannt und steht heute noch.

Im Verlauf des 10. und 11. Jahrhunderts scheint der Große Palast in seiner verwirrenden architektonischen Vielfalt und Unübersichtlichkeit bei den Herrschern immer unbeliebter geworden zu sein. Nikephoros II. Phokas (963–969) wählte den Bukoleonpalast an der Marmara-Seite zu seiner ständigen Residenz und ließ ihn samt Hafen wie ein Kastell ausbauen. Und immer öfter zog der gesamte Hofstaat in den fernen Blachernenpalast am Nordwesteck des Stadtareals, bis er letztendlich unter der Dynastie der Komnenen im 12. Jahrhundert zur Kaiserresidenz und zum neuen Reichszentrum avancierte.

Fanal im Osten: Sieg der Seldschuken (1071)

Nach der Rückeroberung Kretas durch die Oströmer (961) pendelte sich ein machtpolitisches Patt zwischen Byzanz und der arabisch-muslimischen Staatenwelt im Nahen Osten ein. Die außenpolitischen Beziehungen zum Kalifat nahmen zivilisierte diplomatische Formen an, welchen ein reger kultureller Austausch zwischen den beiden Weltmetropolen Konstantinopel und Bagdad entsprach. Dass von Mittelasien immer mehr türkische Sippen und Stämme in den Nahen Osten und nach Kleinasien drängten, fiel zuerst nicht weiter ins Gewicht, zumal sich diese kriegerischen Hirtennomaden leicht als Hilfstruppen und Palastgarden anwerben ließen. Ein Menetekel jedoch war die schwere Niederlage, welche Byzanz 1071 gegen einen türkischen Stammesverband – die Seldschuken – erlitt. Noch fand die unglückliche Schlacht weit im Osten, in Armenien, statt, doch Anatolien lag seitdem für das weitere türkische Vordringen offen da.

Wachsende Distanz zu Rom

Während sich die Lage im Osten entspannte bzw. zunächst unklar blieb, verschärfte sich die Situation im Westen entscheidend: Die römische und die byzantinische Kirche hatten sich schon seit dem 7. Jahrhundert entfremdet und zwei verschiedene Jurisdiktionen, die der päpstlichen Westkirche und die der kaiserlichen Ostkirche entwickelt. Der kirchenpolitische Streit eskalierte dann 1054 zum Schisma, zur endgültigen Kirchenspaltung auch in theologischer Hinsicht. Seitdem gibt es zwei christliche Bekenntnisse mit Wahrheits- und Universalanspruch: die griechische Orthodoxie, der sich die missionierten Balkanvölker und die Ostslaven anschlossen, und den römischen Katholizismus, das Bekenntnis der romanischen und germanischen Nachfolgestaaten des Weströmischen Reiches. Bannflüche und gegenseitige Exkommunikationen als „Häretiker" und „Schismatiker" folgten.

Venedig, die eigennützige „Tochter Konstantinopels"

Treue Parteigänger des Papsttums waren die Normannen, die das ehemalige byzantinische, dann arabische Süditalien erobert hatten und Ende des 11. Jahrhunderts zum Sprung über die Adria ins oströmische Kernland ansetzten. Nur mit Hilfe der Venezianer gelang es Byzanz, die Normannen zurückzudrängen. Venedig sah sich als „Tochter Konstantinopels", weil sie unter byzantinischer Ägide groß geworden war und früh byzantinische Kultureinflüsse aufgenommen hatte, wovon noch der Kuppelbau des Markusdoms zeugt. Durch See- und Fernhandel mächtig geworden, beherrschten die Venezianer den Adria- und Ägäisraum. Ihre Flottenhilfe für Byzanz ließ sich die Markusrepublik teuer bezahlen. Das *Chrysobullon* (Staatsvertrag) von 1082 garantierte den venezianischen Kauffahrern das Handelsmonopol sowie Abgaben- und Steuerfreiheit im gesamten Oströmischen Reich. In Konstantinopel musste ihnen ein quasi exterritoriales Quartier mit Hafen, Arsenalen und Faktoreien eingeräumt werden. Mit der faktischen Kontrolle des Handels durch die venezianische Seemacht war Konstantinopel in fatale Abhängigkeit von seiner erwachsenen Tochter geraten. Spätere Versuche der Kaiser, die Privilegien einzuschränken, scheiterten am Widerstand Venedigs.

In Konstantinopel hatten die Normannengefahr, hinter der man zu Recht das Papsttum vermutete, die eigennützige Hilfe Venedigs und die sich vertiefenden innerchristlichen Differenzen eine wachsende anti-lateinische Stimmung zur Folge. 1171 ließ Manuel I. Komnenos (1143–1180) am Sankt-Georgs-Tag alle Venezianer in der Kaiserstadt festnehmen, darunter auch einen Gesandten namens Enrico Dandolo. Als die Seerepublik militärische Stärke demonstrierte, mussten jedoch die Vorrechte für die „Lateiner" innerhalb des Oströmischen Reiches noch erweitert werden.

Dazu kam die byzantinische Erfahrung mit den Kreuzzügen. Die bewaffneten Wallfahrten, die seit 1096 aus dem Abendland heranwälzten, mögen den Anspruch gehabt haben, das Heilige Land, das mittlerweile von den Seldschuken beherrscht wurde, zu erobern – im Hintergrund stand jedoch immer der Gedanke der Union, der Kircheneinheit und der Unterwerfung der orthodoxen Christenheit unter das Primat des Papstes. Diese Absicht hat man in Konstantinopel wohl erkannt und versuchte daher, die Kreuzheere möglichst vom Inneren der Kaiserstadt fernzuhalten, sie rasch weiter nach Anatolien zu leiten und sie dort für eigene Ziele einzuspannen. Aber diese Absicht wurde wiederum von den Kreuzfahrern durchschaut, so dass man bald im gesamten Abendland von der *Perfidia Graecorum,* der Heimtücke der Griechen, sprach.

Als die Führer des Zweiten Kreuzzugs, der deutsche König Konrad III. und der französische König Ludwig VII., 1147 darauf bestanden, samt Gefolge im Blachernenviertel innerhalb der Landmauern untergebracht zu werden, herrschte großes Misstrauen auf beiden Seiten. Für die Einwohner von Konstantinopel waren die 50 000 Kreuzritter aus dem Westen nichts weiter als Barbaren und Schismatiker. Nicht zu unrecht: Die Ausplünderung Thessalonikis (1185), der zweitgrößten Stadt des Oströmischen Reiches, und die damit verbundene Schändung seiner orthodoxen Heiligtümer durch ein normannisches Invasionsheer führte Konstantinopel die „Lateinergefahr" drastisch vor Augen.

Während des Dritten Kreuzzugs (1189–1192) kam es unter der Führung des römisch-deutschen Kaisers Friedrich Barbarossa zu offenen Kriegshandlungen mit der oströmischen Armee. Nur die – auch in westlichen Augen – imposante Landmauer hielt das Kreuzheer vom Angriff auf Konstantinopel ab. Doch der Gedanke einer gewaltsamen Lösung des „griechischen Problems" hatte sich im Abendland verfestigt. Westchristliches Abendland und ostchristliches Morgenland steuerten auf eine katastrophale Krise zu.

He Pólis – die „Stadt an sich" *oder* „die Stadt aller Städte"

Die größte Stadt des Erdkreises

Vom 9. bis ins 12. Jahrhundert war Konstantinopel die größte Stadt Europas, und zwar an Fläche, Einwohnerzahl, politischer und administrativer Bedeutung, Sehenswürdigkeiten, Verkehrsanbindung, Wirtschaftskraft und Warenumschlag. Im damaligen Abendland gab es keine vergleichbare urbane Siedlung. In Rom hatte sich zwar der päpstliche Stuhl fest etabliert, aber das Stadtareal selbst bestand noch aus einer mit kleinen Kirchen und Stadtburgen durchsetzten antiken Trümmerwüste. Venedig breitete sich stetig über die Inseln der Lagune aus und beherbergte im 12. Jahrhundert 50 000 Menschen. Das Städtewesen im Römisch-Deutschen Reich befand sich noch in den Anfängen. In Köln, Mainz und Regensburg regte sich erstes urbanes Leben, das aber mit der Kaiserstadt im Südosten nicht vergleichbar war. Im Nahen Osten ragte Bagdad heraus, vermochte aber nur in seiner Glanzzeit unter den Abbasiden im 8. und 9. Jahrhundert mit Konstantinopel zu konkurrieren.

Für die Oströmer war ihre Hauptstadt die *Polis*, die Stadt an sich – eine andere gab es auf der Ökumene, dem bewohnten Erdkreis, nicht. Das hatte freilich zur Folge, dass alles Land außerhalb der Polis als bedeutungslose, von simplen Bauern, Hirten und strafversetzten Beamten bevölkerte „Provinz" eingeschätzt wurde, wo Armut und Rechtlosigkeit herrschten. Hatte man das Glück, die Kaiserstadt betreten zu können, ging man „in die Stadt" – *eis ten Polin*. Aufmerksame Leser werden darin bereits den Volksnamen *Istinpolin*, Istanbul erkennen!

Der Weltmarkt und der gesamte Fernverkehr zur See und zu Lande bündelten sich hier an der europäisch-asiatischen Schnittstelle. Konstantinopel war einer der Endpunkte und Umschlagplätze der Seidenstraße aus China. Seidenstoffe und Porzellan warfen enorme Gewinne ab. Aus Zentralasien kamen Wolle,

Teppiche und Zelte. Handelswege aus Indien lieferten Farbstoffe, exotische Spezereien, Gewürze, Pfeffer, Zimt und Ingwer. Über die arabische Weihrauchstraße wurden Myrrhe, Balsam und Parfüme geliefert und aus Afrika Elfenbein und Edelsteine. Ein Teil der Rohwaren wurde in den Werkstätten von Konstantinopel zu Kunstwerken für den Kaiserhof verarbeitet, ein Teil ging mit riesigen Profiten in den Export nach Westen. Im Abendland bestaunt wurden Ikonen, Seidengewebe, Figuren aus Alabaster und Elfenbein, Glastropfen, silberne Schalen und Medaillons sowie Löffel, deren Gebrauch man sich erst erklären lassen musste. Begehrt waren auch Reliquien aus dem Heiligen Land.

Am Orienthandel waren griechische, armenische, jüdische und syrische Händler beteiligt, bis er von Venezianern und Genuesen monopolisiert wurde. Auch aus dem Norden kamen begehrte Waren: Honig, Kerzenwachs, Bernstein (als wohlriechender Brennstoff) und kostbare Pelze, die die Waräger übers Schwarze Meer heranbrachten. Aus Osteuropa und Zentralasien kam noch ein weiteres Wirtschaftsgut, das wir nicht vergessen dürfen: Menschen, teils unfreiwillig als im Krieg gefangene und weiterverkaufte Sklaven, teils durchaus aus freien Stücken, meist als Kunsthandwerker oder Söldner. Die gesamte Leibgarde der Kaiser setzte sich aus warägischen (russischen) Kriegern zusammen.

Der Binnenhandel konzentrierte sich ebenso in der Polis. Der überwiegende Teil an Getreide, Wein und Olivenöl, das „draußen im Lande", in Hellas und im noch verbliebenen Anatolien, angebaut wurde, diente der Versorgung des hauptstädtischen Wasserkopfs. *Fließen nicht alle Güter in die Stadt wie die Ströme ins Meer?*, lautete die rhetorische Frage eines byzantinischen Geschichtsschreibers.

Im Schnittpunkt der Kontinente gelegen, repräsentierte die Polis eine kosmopolitische, geradezu spätantike Multikulturalität. Neben Griechen lebten hier Armenier und Juden in verhältnismäßig großer Anzahl. Die armenische Kirche stand der griechisch-orthodoxen Reichskirche geistig sehr nahe und wurde vom armenischen Patriarchen vertreten. Armenier waren bis in die höchsten Hof- und Militärkreise vertreten und stellten Kunsthandwerker und Händler. Juden betätigten sich als Goldschmiede und Seidenfärber und hielten die Verbindungen zur muslimischen Welt aufrecht. Muslime – Araber, Perser und Türken – gehörten zum Straßenbild. Ihnen stand auch eine Moschee zur Verfügung. Jede Volksgruppe – definiert durch Religionszugehörigkeit und Sprache – bewohnte ein eigenes Stadtviertel. Die „lateinischen" Kaufleute ließen sich in eigenen, durch Mauern abgetrennten Quartieren entlang des Goldenen Horns nieder. Im 11. Jahrhundert richteten sich Seehändler aus Amalfi ein, 1082 die Venezianer, 1111 die Pisaner und 1152 die Seerepublik Genua.

Ungeliebte „Lateiner"

Das Zusammenleben von Griechen und Lateinern war stets gefährdet. Konstantinopel rühmte sich, der christlich-orthodoxe „Hort der Rechtgläubigkeit" zu sein. Die „Franken" – so das Synonym für westchristliche Abendländer – wurden nur aus Staatsräson aufgrund ihrer wirtschaftlichen und militärischen Machtstellung geduldet. Eheverbindungen mit ihnen waren untersagt. Das rechtgläubige Stadtvolk stand den „Lateinern" mit wachsender *Xenophobia* (Fremdenfurcht) gegenüber, was sich in Angriffen auf ihre befestigten Niederlassungen am Goldenen Horn äußerte. Der westliche Blick begann sich daher auf Galata am jenseitigen Ufer des Goldenen Horns als zukünftige Lateinerstadt zu konzentrieren.

Die Bevölkerungsentwicklung im Mittelalter

Eine häufig diskutierte Frage ist die Bevölkerungsentwicklung der Kaiserstadt. Der demografischen Wissenschaft stehen dafür diverse Indikatoren zur Verfügung: Stadtfläche, Sitzplätze im Hippodrom, Stehplätze in den großen Basiliken und Kirchen, die Masse der Kornverteilung, Herdsteuer usw. Geben die Zeitgenossen Zahlengaben, so sind sie alles andere als eindeutig, so wie etwa die kuriosen Zahlen des Johannes Chrysostomos, Erzbischof von Konstantinopel, für die Zeit um 400: Er nennt 100 000 Christen und 50 000 „Arme", womit er vielleicht Heiden meint. Die Einwohnerzahlen schwanken vom 4. Jahrhundert bis zur Zäsur von 1204 wohl zwischen 100 000 und maximal einer halben Million. Seuchen und Erdbeben ließen die Stadtbevölkerung periodisch schrumpfen, während sie in politischen Notzeiten durch Flüchtlinge aus dem Umland wieder aufgefüllt wurde. Gänzlich besiedelt war das gesamte Stadtareal niemals. Wie schon erwähnt, dehnten sich weite landwirtschaftlich genutzte Freiflächen hinter den Landmauern aus. Ein Phänomen sind auch die verlassenen und verödeten Regionen wie der antike Akropolishügel und die justinianische Palaststadt, die zugunsten der Blachernenpaläste aufgegeben und nicht mehr aufgesiedelt wurde. Die 14 Stadtbezirke gruppierten sich um Herrenhäuser der Archonten (des Hofadels), um Klöster oder Kirchen. Pfarrgemeinden existieren in der Orthodoxie übrigens nicht.

„Diese Stadt übersteigt jedes Maß": Abendländische Reiseberichte

Gemessen an der Bedeutung der Polis und ihrer zentralen Lage im Schnittpunkt West- und Osteuropas mit dem Vorderen Orient verfügen wir über relativ wenig aussagekräftige Reiseberichte. Die Pilger, die in Massen hier Station machten und von einem Reliquienschrein zum nächsten wallfahrteten, waren zumeist einfache Leute ohne Schreibkenntnisse. Sie folgten sprachkundigen Führern oder orientierten sich an frommen Wundererzählungen. Reisebeschreibungen, die das Abendland erreichten, wurden meist legendär ausgeschmückt. Die steinernen, kalkverputzten Wohnbauten machten Konstantinopel zur „Weißen Stadt" – und wegen des Goldenen Tores und der goldfunkelnden Kuppeln der Hagia Sophia zur „Goldenen Stadt". In mittelalterlichen deutschen Sagen und Volksbüchern, die von „Fahrten ins Morgenland" handeln, wird von verfeinertem Luxusleben, Farbenpracht, Seidengewändern voller Edelsteine, schönen Jungfrauen sonder Zahl und Weihrauchduft geschwärmt. Aber eben auch vor der *Perfidia* (Hinterhältigkeit) der *Graeculi* (Griechlein) gewarnt, denen die „Franken" dort ausgesetzt seien.

Eher zurückhaltend gaben sich abendländische Legaten in ihren Gesandtschaftsberichten. Bekannt sind die Schilderungen

Bischof Liutprands von Cremona, der im Auftrag des römisch-deutschen Kaisers Otto I. (936–973) öfter in Konstantinopel weilte. Seine Beschreibung einer Kaiseraudienz in der Magnaura könnte man durchaus als Satire auf die übertriebene herrscherliche Selbstdarstellung lesen: *Vor dem Kaiserthron stand ein Baum der ganz aus vergoldetem Kupfer gefertigt war und in dessen Zweigen kupferne Vögel saßen, die auf verschiedene Weise sangen, ein jeder nach seiner Art. Der Kaiserthron war so beschaffen, dass er im Augenblick niedrig, dann höher und bald ganz erhaben erschien. Löwen bewachten ihn, von ungeheurer Größe, aus Bronze oder Holz und mit Gold überzogen, die mit dem Schweif auf den Boden schlugen und mit offenem Rachen und beweglichen Zungen ein Gebrüll veranstalteten. Dorthin wurde ich (Liutprand), auf zwei Eunuchen gestützt, vor den Kaiser geführt. Die Löwen brüllten, die Vögel sangen, doch wurde ich weder von Schrecken noch von Erstaunen überwältigt ... Nachdem ich dem Kaiser dreimal meine Ehre erwiesen hatte, indem ich den Boden mit meiner Stirn berührte, hob ich den Kopf und sah ihn, der vorher nur leicht erhöht gesessen hatte, anders gekleidet hoch (oben) am Dachgebälk sitzend ...*

Auch das mächtig aufbrausende Organon – die Orgel – scheint den Gottesmann aus dem Westen nicht weiter beeindruckt zu haben.

Mögen abendländische Besucher des 10. und 11. Jahrhunderts noch gestaunt haben über die zum Teil ja noch *von Marmor glänzende Polis*, so werden spätere Reisende kritischer. Denn im Hochmittelalter dreht sich das bisherige Ost-West-Kulturgefälle langsam um. Das Abendland und sein Feudalismus entwickeln eine wirtschaftliche und soziale Dynamik, die sich auch in Bildungsstand und Kunst zeigt. Zunehmend wird in westlichen Augen das byzantinische Kaisertum mit pompösem Zeremoniengehabe gleichgesetzt und seine Bauwerke werden als Imponierarchitektur definiert. Kämen hochrangige Besucher, so heißt es, dann würden verfallene Gebäude mit Teppichen und Stoffbahnen verhüllt und abseits der Prachtstraßen herrschten Laster, Schmutz und Finsternis.

In der Tat stellten Archäologen fest, dass im 12. Jahrhundert nur noch notdürftige Reparaturen an den Konstantinopler

Prachtbauten durchgeführt worden sind, und dass Neubauten dieser Zeit technisch und künstlerisch nicht mit den gleichzeitigen romanischen Domen und der beginnenden Gotik in Westeuropa konkurrieren können. Deutlich missgünstig gestimmt sind Aussagen der Kreuzzugsteilnehmer. Der französische Ritter Odo de Deuil kommt 1147 nicht umhin, neben dem Prunk auch die Schattenseiten zu erwähnen: *Diese Stadt überschreitet jedes Maß. Wie sie andere an Reichtum übertrifft, so steht sie auch an Lastern über allem.*

Dazu passen die Aufzeichnungen der abendländischen Geschichtsschreiber und Chronisten, die genüsslich all die Erzählungen von Palastrevolten, Hofintrigen, grausamen Kaisermorden, Staatsstreichen und Kabalen weitergaben, die den Kaiserpalast heimsuchten. Ganz von der Hand zu weisen sind diese Schauergeschichten (die, nebenbei gesagt, unseren westlichen Blick auf Byzanz wesentlich beeinflusst haben) nicht, denn mit dem Ende der Dynastie der Komnenen (1185) brachen in Konstantinopel wirklich heftige Thronwirren aus. Sie werden den „Franken" und vorab den Venezianern den Vorwand liefern, mit Waffengewalt einzugreifen und die „Königin der Städte" in ihre Hand zu bringen.

Die Katastrophe von 1204: Kreuzzug gegen die „Königin der Städte"

Nur der jähe Tod des 32-jährigen Hohenstauferkaisers Heinrich IV. anno 1197 hatte Konstantinopel vorerst gerettet. In allen Adriahäfen hatte sich bereits eine mächtige Kriegsflotte versammelt, um ein deutsches Invasionsheer nach Konstantinopel zu verschiffen. Selbst durch große Tributzahlungen aus Byzanz – der *Alamanikon* (Deutschen-Steuer) – ließ Kaiser Heinrich sich nicht umstimmen. Aus seiner Absicht, die „abtrünnige" griechische Kaiserstadt zu erobern, hatte er kein Hehl gemacht.

Schon im nächsten Jahr nach Heinrichs Tod begannen die Aufrufe Papst Innozenz' III. zu einem neuen Kreuzzug, dem vierten, diesmal übers Meer nach Ägypten. Die Seerepublik Venedig sollte den Schifffstransport des 34 000-Mann-Heeres übernehmen. In erster Linie waren es französische und flämische Ritter, die sich ab 1202 in der Lagunenstadt einfanden, um die Galeeren der Venezianer zu besteigen. Deutsche, Lombarden und Engländer schlossen sich dem Kriegsabenteuer an. Mittlerweile waren in Konstantinopel die Thronkämpfe in ein entscheidendes Stadium getreten. Alle zutiefst miteinander verfeindeten Parteien und Thronprätendenten machten den Lateinern Avancen, zu ihren Gunsten einzugreifen.

Den Venezianern unter ihrem Dogen Enrico Dandolo (1192–1205) kamen die verschiedenen Hilferufe aus Byzanz sehr zupass. Ließ sich damit nicht die oströmische Handelskonkurrenz im Ostmittelmeer vollends ausschalten? Auch lag ein Angriff auf Ägypten, einen verlässlichen venezianischen Handelspartner, ganz und gar nicht im Interesse der Markusrepublik. Und – auch das sollten wir berücksichtigen – Enrico Dandolo hatte wegen seiner Gefangennahme von 1173 noch eine Rechnung mit den Byzantinern offen. Das auf seinen Schiffen zusammengedrängte beutegierige Kreuzfahrerheer zu einem Kriegszug gegen das „schismatische Konstantinopel" umzuleiten, kostete Venedig keine Überredungskunst. Die *reichste Stadt*, in welcher allein *zwei Drittel der Reichtümer der Welt angehäuft* seien, schilderte man ihnen, wie uns der Teilnehmer Robert de Clari wissen lässt. Mitte Juni 1203 erschien die aus 50 Galeeren bestehende Flotte im Marmara-Meer und blockierte das Goldene Horn.

Im kaiserlichen Blachernenpalast herrschten derweil chaotische Zustände. Das Stadtvolk rebellierte und hielt sich an den Lateinerquartieren schadlos. Der amtierende Kaiser Alexios III. Angelos war entflohen und wurde durch seinen Vorgänger Isaak II. Angelos, den man geblendet hatte, ersetzt. Dessen Sohn Alexios IV. schwang sich nun zum Herrscher auf und sagte den Kreuzrittern Riesensummen zu, falls sie ihn unterstützten. Doch als er das versprochene Silber nicht aufzubringen vermochte, durchbrachen die Venezianer die Sperrkette am Goldenen Horn und besetzten Galata. *Alle, welche Konstantinopel noch nicht gesehen hatten, trauten kaum ihren Augen, als sie die hohen Türme und Mauern rings um die Stadt, die stolzen Paläste und prächtigen Kirchen, deren Menge unglaublich erscheint, und die große Ausdehnung dieser ersten aller Städte erblickten.* (Geoffrey de Villehardouin, Führer und Chronist des Kreuzzuges) Es wird der letzte unversehrte Anblick sein, den die oströmische Kaiserstadt bot.

Von Galata drangen Kreuzfahrer Ende 1203 zum ersten Mal in die Stadt ein und setzten das Marktviertel in Brand, zogen sich aber wieder auf die Schiffe zurück. Mittlerweile fiel der momentane Kaiser einem Mord zum Opfer. Am 13. April 1204 erfolgte der Hauptangriff auf die Seemauer am Goldenen Horn und das Kreuzheer stieß in die Kaiserstadt vor, deren Widerstand vor den kampferprobten Rittern bald zusammenbrach.

Die Polis wird zugrunde gerichtet

Nun folgten Gräuel und Verwüstung, Brandschatzung und Ausplünderung und zwar weit über die drei Tage hinaus, die das Kriegsrecht vorsah. Ganze Stadtviertel sanken in Schutt und Asche. Die Saat der gegenseitigen innerchristlichen Verunglimpfung als „Ketzer und Heiden" ging nun auf, denn die katholischen Kreuzkrieger stürmten zuerst die Hagia Sophia, raubten den Kirchenschatz, zerhackten die Reliquien in kleine Stücke, um die heilige Beute „gerecht" aufzuteilen, und rissen alles Wertvolle, was nicht niet- und nagelfest war, von den Wänden. Gleich entehrend wurde mit anderen orthodoxen Heiligtümern verfahren. Gold- und Silberkunstwerke schmolz man in rasch errichteten Schmelzöfen ein, um sie besser verteilen zu können. Und da nicht ganz so viel Gold und Silber gefunden oder erpresst werden konnte, wie vorausgesagt, begann man, die metallenen antiken Statuen auf dem Hippodrom einzuschmelzen, hebelte die vergoldeten Bronzeplatten von den Säulen und deckte Bronze- und Kupferdächer ab.

Den Venezianern gelang es immerhin noch, die bronzenen Pferde der Quadriga abzumontieren und nach Venedig zu verfrachten. Als Insignien der neuen Macht der Markusrepublik prangen sie seitdem über dem Hauptportal des Markusdoms (heute als Kopie, die Originale befinden sich im Museo Marciano). Auch die vier Porphyrstatuen der Tetrarchen gelangten damals in die Markusrepublik. Die Venezianer sicherten sich überhaupt die wertvollsten Kostbarkeiten, die sie zielsicher in die Hände bekamen, etwa den goldenen Reliquienschrein aus der Apostelkirche, die *Pala d'oro*, heute im Markusdom, und wertvolle Psalter und Handschriften.

Hunderte von byzantinischen Ikonen, Heiltümern, Kreuzespartikeln und liturgischen Gerätschaften wurden als „Souvenirs" einfacher Kreuzritter über ganz Europa verstreut.

Den letzten byzantinischen Kaiser Alexios V. Dukas, den Thronusurpatoren und Mörder des Vorgängers, stürzten die neuen Herren von der Theodosios-Säule auf dem Taurus-Forum. An seine Stelle trat ein „Lateinischer Kaiser", der ursprünglich flandrische Adelige Balduin. Staatsrechtlich wurde das Oströmische Reich zerschlagen und im Vertrag der *Partitio Romaniae* unter der Ägide des Papstes aufgeteilt: Der neue Lateinische Kaiser erhielt ein Viertel des ehemaligen oströmischen Territoriums mit der Hauptstadt Konstantinopel und der Marmara-Region, der Rest ging zu gleichen Teilen an die Markusrepublik und die Grafen, Barone und Ritter.

Venedig sicherte sich im Teilungsvertrag und später die besten Plätze, nämlich Kreta und wichtige Häfen auf der Griechischen Halbinsel sowie in der Ägäis, die den Seeweg ins östliche Mittelmeer absicherten. Nachhaltig wirkte sich der Sieg über Byzanz 1204 nur für die Markusrepublik aus, die zur Handels- und Seevormacht im gesamten Ostmittelmeerraum aufstieg und ihre Stellung bis ins 17. Jahrhundert zu halten vermochte. Stolz nannte sich die Adelsrepublik *La Serenissima*, die Allerdurchlauchtigste.

Das Lateinische Kaiserreich wird hingegen von 1204 bis 1261 eine Episode für nur eine Generation bleiben, und die zahlreichen „fränkischen" Fürstentümer in Griechenland werden bis zu ihrem Untergang im 13. und 14. Jahrhundert über ihren Status als gewaltsam implantierte katholische Fremdkörper inmitten der ostchristlichen Umwelt nicht hinauskommen.

Die Venezianer erstürmen 1204 die Seemauern vom Goldenen Horn aus. – Gemälde von Palma Giovane (1544–1628) im Dogenpalast, Venedig.

Trauma für die christliche Orthodoxie

Die orthodoxe Welt war zutiefst erschüttert über die kriegerische Vergewaltigung der „Heiligen Kaiserstadt" und noch mehr getroffen durch den Versuch des Abendlandes, die christliche Kirchenunion mit roher Waffengewalt herbeizuführen. In den zeitgenössischen byzantinischen Berichten nehmen zwar die Schilderungen der materiellen Ausplünderung der Polis durch *des Lesens und Schreibens unkundige Barbaren* einen breiten Raum ein, doch vielmehr senkte sich das geistige Wissen in die orthodoxe Seele, dass ihrer „Rechtgläubigkeit" durch den päpstlichen Westen Unrecht widerfahren war, ja dass sie wieder wahre Märtyrer Christi seien. Das furchtbare Trauma von 1204 wird in unseren Geschichtsbüchern kaum thematisiert, in der ostchristlichen Welt hingegen ist es virulent und unverziehen.

Den lateinischen Eroberern Konstantinopels ist es daher nie gelungen, die Westkirche im alten Ostreich zu etablieren. Noch während der Eroberungsorgien der Lateiner verließen die byzantinischen geistigen Eliten die Stadt. Das ökumenische Patriarchat, wichtige Archonten und Gelehrte fanden im nahen Nikaia eine neue Bleibe. Und dort wurde mit der Kaiserkrönung Theodoros' Laskarios (1206–1222) auch das oströmische Erbe nahtlos weitergeführt. Mit der Krönung Michaels VIII. aus dem Hause der Palaiologen im Jahre 1258/1259 bestieg ein oströmischer Herrscher alten Stils den Kaiserthron, der gewillt war, das „babylonische Exil" in Nikaia zu beenden und wieder in die angestammte Kaiserstadt zurückzukehren.

Wer hinderte ihn daran? Die Venezianer. Und wer waren die Feinde Venedigs? Natürlich die See- und Handelsrepublik Genua. Was lag da näher, als sich mit den Feinden Venedigs zu verständigen, ja ihnen im Falle der Beihilfe Galata als Kolonie zu versprechen?

Lateinisches Zwischenspiel am Bosporus (1204–1261)

Mag auch die Kaiserstadt vorübergehend in die Hände der lateinischen Andersgläubigen gefallen sein, so lebte doch im Bewusstsein der Orthodoxie das wahre und einzige Kaisertum Konstantinopels weiter. Und das galt für die gesamte byzantinische Ökumene: Zwar begrüßten die Balkanvölker das Ende der politischen byzantinischen Oberherrschaft, ließen sich aber nicht von ihrer geistigen ostchristlichen Orientierung abhalten. Im Gegenteil betonten die von der byzantinischen Kultur geprägten Völker nach dem Schock von 1204 ihre wahre Rechtgläubigkeit mehr denn zuvor. Bulgarien und Serbien und nicht zuletzt Russland wurden sich durch den Vorgang von 1204 ihrer Orthodoxia (slav. *Pravoslavija*, Rechtgläubigkeit) erst recht bewusst und grenzten sich vom Abendland ab.

Man schätzt, dass Konstantinopel infolge der Thronwirren nach 1180 und der Lateinischen Eroberung 1204 mehr als drei Viertel seiner Bewohner verloren hat. Mit 50 000 Seelen stellte es freilich immer noch eine Großstadt dar. Doch werden sich der Lateinische Kaiser, der den Blachernenpalast bezog, und der aus Venedig stammende lateinische Bischof, der im alten Patriarchensitz und in der Hagia Sophia residierte, eher einsam gefühlt haben inmitten des weiten, zum Teil öd gefallenen und abgebrannten Stadtareals. Das Gros der Kreuzfahrer war ja rasch mit allem, was es zu tragen vermochte, in seine Heimat zurückgekehrt. Abendländische Mönchsorden, die von Rom zur „Mission" ins Morgenland geschickt wurden, merkten bald, dass hier jegliche Basis für ihr Vorhaben fehlte.

Das nunmehr vollständige Handelsmonopol Venedigs im Ostmediterraneum hatte zur Folge, dass die Bosporusstadt an wirtschaftlicher Bedeutung erheblich verlor. Eine Zentralstellung im Welthandel kam ihr nicht mehr zu. Venedigs Ziel war es, die großen Warenströme des Orienthandels von der Levante (d. h. vom Libanon, Ägypten und Zypern) aus direkt Richtung Venedig verlaufen zu lassen. Und das hieß, sich politisch mit den aufkommenden muslimischen Mächten, vor allem mit dem aufstrebenden Osmanischen Reich zu arrangieren. Byzanz spielte dabei für die Serenissima eine untergeordnete Rolle.

Das gegen Venedig gerichtete Bündnis Kaiser Michaels VIII. Palaiologos mit Genua zahlte sich rasch aus. Im Juli

1261 fiel die Kaiserstadt kampflos *einer reifen Frucht vergleich-bar* in die Hände der Byzantiner zurück. Wie ein römischer Triumphator zog der Kaiser durchs Goldene Tor in die Stadt ein. In kurzer Zeit wurden der gesamte Hofstaat und das Patriarchat von ihrem Exilort Nikaia nach Konstantinopel transferiert. Die Kaiserstadt war somit nach über einem halben Jahrhundert wieder im rechtmäßigen Besitz der wahren Erben Konstantins, was die christlich-orthodoxe Welt mit Genugtuung zur Kenntnis nahm.

Venedig hat diesen Coup gelassen hingenommen. Das allerchristlichste Konstantinopel stand längst nicht mehr im Fokus seiner Wirtschaftsinteressen. Es galt, mit neuen Mächten in Kontakt zu treten, wie mit den muslimischen Osmanen, die bereits ganz Anatolien beherrschten. Also konnte man Konstantinopel bzw. Galata einer zweitrangigen Handelskonkurrenz wie Genua überlassen.

Galata – eine neue Stadt entsteht (1263)

Genuas Handelswege führten durch den Bosporus, sie erreichten die Donaumündung und die Halbinsel Krim, wo mehrere Festungen und Kontore in ihrem Namen gegründet wurden. Russland war ein unersättlicher Markt für Wein und Öl und im Gegenzug nahmen die Genuesen Pelze, Korn und kaukasische und tscherkessische Sklaven und Sklavinnen auf ihre Schiffe.

Unmittelbar nach der Reconquista der Kaiserstadt durch die Palaiologen begannen die Genuesen mit dem Bau ihrer Stadt Galata jenseits *(peran)* von Konstantinopel. Was hier nun in einer Entfernung von nur 400 Metern vor den Augen der Byzantiner hochgezogen wurde, war kein einfaches Quartier mehr, sondern eine regelrechte Stadt. Das nördliche Hochufer des Goldenen Horns war seit jeher eher dörflich besiedelt gewesen, im Altertum als Örtchen *Sykai* (Feigen), das man dann Galata – nach ital. *callata* (Gässchen) oder vielleicht nach den antiken keltischen Galatern – benannte.

Der genuesische Galata-Turm, erbaut 1348.

Der Galata-Turm, wehrhaftes Wahrzeichen über dem Goldenen Horn

Die Genuesen befestigten sofort den Hafen mit einem Kastell und errichteten Stadtmauern, die sich wie zwei Schenkel den Abhang hinaufzogen. Wo sie aufeinandertrafen – am höchsten Punkt –, erbauten sie einen massiven Rundturm, den Christus- oder Galata-Turm. Seine heutige Form und Höhe von 68 Metern erhielt der tonnenförmige Wehrturm, der einen weiten Blick über Konstantinopel, das Goldene Horn und den unteren Bosporus bietet, im Jahre 1348. Die Galatioten wurden von einem genuesischen Podestà verwaltet und bildeten eine extraterritoriale abendländische Enklave inmitten des byzantinischen Reiches. Galatas Stadtplan folgte einem regelmäßigen, schachbrettartigen Muster, Häuser und Kontore bestanden überwiegend aus Stein. Die katholische Hauptkirche war St. Georg geweiht und Dominikaner gründeten 1325 ein Kloster St. Paul.

73

Bis zur osmanischen Eroberung der Kaiserstadt war Galata ein prosperierendes Handelszentrum und ein wichtiger Seehafen an der Schnittstelle dreier Gewässer: Dem Marmara-Meer, dem Bosporus und dem Goldenen Horn, auf dem Tag und Nacht genuesische Kriegsgaleeren patrouillierten. Die Abschöpfung der Bosporus-Maut spülte bares Gold in die Kassen Genuas und seiner Kolonie Galata. Seit dem 15. Jahrhundert setzte sich der Volksname *Pera* (griech. gegenüber oder jenseits) für die Lateiner- und Europäerstadt jenseits des Goldenen Horns durch.

Verlust der Mitte: Das Ende Ost-Roms (1261–1453)

Auch nach der Restauration des Byzantinischen Reiches 1261 erreichte Konstantinopel nicht mehr seine alte politische und wirtschaftliche Zentralfunktion. Vom lukrativen Orienthandel – und damit vom Weltmarkt – blieb die Stadt abgeschnitten. Die ehedem hoch entwickelte Infrastruktur der Umgebung – das alte römische Straßennetz – lag brach. Der Weg übers Meer war durch Genuesen und Venezianer versperrt. Das Imperium selbst schmolz im Wesentlichen auf das unmittelbare Hinterland und die Marmara-Region zusammen – zu einer Art „Restreich". Daher ist die These, das Oströmische Reich 1204 enden zu lassen, wie sie von manchen modernen Historikern vertreten wird, nicht von der Hand zu weisen. Das neue Staatsgebilde beanspruchte zwar, das „Diadem Konstantins" weiterzutragen, war aber ärmer und machtloser als seine Nachbarn. Nur die gegenseitige Konkurrenz der Mächte, die keinem den Besitz der Bosporusstadt gönnte, ermöglichte es dem Byzantinischen Restreich noch bis 1453 auszuharren.

Im Balkanraum etablierten sich mit Serbien und Bulgarien slavische Zarenreiche, die zwar orthodox waren, aber ihrerseits versuchten, das wahre Erbe von Byzanz zu übernehmen. Anatolien war seit langem verloren. Auf das muslimische Sultanat der Seldschuken folgte zunächst eine Aufsplitterung in kleine türkische Herrschaftsbezirke *(Beyliks)*, die aber um 1300 zu einem Emirat (Fürstentum), zum Kern des kommenden Osmanischen Reiches, zusammenwuchsen.

Die Stadt selbst war keine Weltstadt, keine *Kosmopolis* mehr. Die Ausplünderung von 1204 und die lähmende „Frankenherrschaft" hatten sie allen imperialen und repräsentativen Charakters entkleidet. Die Einwohnerschaft, immerhin noch 20 000 bis 50 000 Köpfe, die innerhalb des weiten Stadtareals quasi wie in Dörfern inmitten von Feldern *(Chora)* verstreut lebten, war nun einheitlich „rechtgläubig", orthodox, und sprach mehrheitlich griechisch. Eine einflussreiche Minderheit bildeten immer noch die Armenier, dazu kamen Bulgaren, Serben und Russen.

Franken und Lateiner lebten nicht mehr in Konstantinopel selbst, hatten sich aber in Galata auf dem jenseitigen Ufer des Goldenen Horns eine wohlgeordnete eigene Kommune geschaffen. Man kann sich des Eindrucks nicht erwehren, dass die Abendländer die alte „Griechenstadt" gegenüber, die sie als Hort der Finsternis betrachteten, mieden.

Neue Großstädte in Europa

Seit dem Hochmittelalter gab es auch in Europa Großstädte: Königsstädte wie Paris und London, mächtige Handelsstädte wie Venedig, Genua und Pisa, Stadtstaaten wie Florenz und Mailand und die Freien Reichsstädte des Römisch-Deutschen Kaiserreichs. Das päpstliche Rom hatte längst mit Ostrom gleichgezogen und überstieg die nun „alte" Kaiserstadt am Bosporus in jeglicher Bedeutung. Das heißt Konstantinopel war vom 13. bis zum 15. Jahrhundert nur mehr eine Stadt unter vielen, zwar eine Stadt mit Vergangenheit, aber eine „antiquierte, überholte Stätte".

Als Residenz fungierte der Blachernenpalast, der im 12. Jahrhundert unter den Komnenen ausgebaut und neu befestigt worden war. Es ist gut möglich, dass der heute noch in den Außenmauern erhaltene, *Tekfur Sarayı* genannte Festsaal- und Palastbau unter den Palaiologen nach 1261 erbaut worden ist. Der armenische Name Tekfur ist erst seit dem 19. Jahrhundert belegt und bedeutet „Königliches Schloss". Auch einige Kirchen und Klöster wurden wiederhergestellt und künstlerisch neu gestaltet. Am bekanntesten sind die zu Beginn des 13. Jahrhunderts entstandenen farbenprächtigen Mosaike und Fresken der Chora-Klosterkirche *(Kariye Camii)* auf dem 6. Hügel, die besichtigt werden können. Als Neugründung der Palaiologenzeit sei die kleine Kirche *Panhagia Muchliotissa* genannt ("Madonna der Mongolen"). Ihre Gründung im Jahr 1281 geht auf Maria, eine Tochter Michaels VIII. zurück, die mit dem Mongolen-Khan Abaqu verheiratet war.

Endgültig verlassen wurde hingegen das justinianische Palastviertel. Gravierend war der Verlust spätrömischer Bausubstanz. Da auch die alten Foren, die Prachtplätze und das Hippodrom verödeten, erhob sich die Hagia Sophia inmitten von Schutthügeln und kleinen hölzernen Behausungen, die sich in den Palastruinen eingenistet hatten. Ruy Gonzales de Clavigo, ein kastilischer Reisender, vermerkte für 1402, dass die mächtigen Bronzetüren der Hagia Sophia aus ihren Angeln gefallen seien. Ein Zeichen für die gesunkene Einwohnerzahl ist auch der Verfall der großen Zisternen und Brunnenanlagen. Ob der Valens-Aquädukt damals noch Wasser führte, wissen wir nicht. Erst ein Erdbeben von 1509 – also bereits in osmanischer Zeit – lässt einen Teil des Aquädukts einstürzen.

Seekriege der Genuesen mit den Venezianern, in welche Konstantinopel mit einbezogen wurde, und innerbyzantinische Bürgerkriege erschütterten die Stadt. Auch schwere Erdbeben und eine verheerende Pestseuche (1348) blieben nicht aus. Die wenigen Reisenden des 14. und 15. Jahrhunderts rühmen zwar die immer noch beeindruckenden Landmauern und das "Goldene Tor", erblicken aber dahinter zuerst weites, unbebautes Land, das im besten Fall als Weide, Weinanbaugebiet oder Olivenhain dient. Eingestreut liegen Klosterkomplexe und stille Weiler. Das alte regulär verlaufende Straßenraster ist einem bizarren Wegegeflecht gewichen, das sich in osmanischer Zeit zum "orientalischen Sackgassensystem" entwickeln wird.

Nur im Nordwesten erhebt sich der kaiserliche Blachernenpalast als großer Baukomplex und in weiter Ferne ragt die

Hagia Sophia empor, deren vergoldetes Kuppeldach nach einem Erdstoß 1346 geflickt werden musste. Erst bei genauem Hinsehen lassen sich unter Gestrüpp und Macchia umgestürzte Säulen und gebrochene Arkadenbögen erkennen. Über den Steinfundamenten haben sich die Bewohner Holzhäuser gezimmert. Sie nehmen die spätere osmanische Holzbebauung vorweg.

Vor dem Betreten des alten Palastbezirks und des ersten Hügels wird ausdrücklich gewarnt: Zu groß ist die Gefahr, 10 Meter tief in eine der geborstenen Zisternen hinabzustürzen. Das ganze ehemalige konstantinische und justinianische Stadtzentrum ist eine gemiedene Region geworden. Städtisches Leben herrscht noch im Marktbereich *(Makros Embolos)* und entlang der Chrysokeras-Küste. Im Goldenen Horn ankern und gleiten zahlreiche Segel- und Ruderschiffe dahin, Galeeren, Galeonen und Koggen. Ihr Ziel ist aber nicht Konstantinopel, sondern die gegenüberliegende genuesische Hafenstadt Galata.

Eroberung durch die Osmanen (1453)

Kızıl Elma: Osmanischer Griff nach dem „Goldenen Apfel"

Vom 11. bis ins 13. Jahrhunderts wanderten turkvölkische Sippenverbände und Stämme von Mittelasien und Iran nach Kleinasien ein. Die nomadischen Viehzüchter bekannten sich früh zum Islam und orientierten sich an der arabischen und persischen Hochkultur. Byzanz übte schon im 12. Jahrhundert in Anatolien keine Macht mehr aus. Die türkischen Stammesfürsten, Beys und Emire geboten über eine Vielzahl kleiner Fürstentümer, die gegen Ende des 13. Jahrhunderts von einem Emir namens Osman (1281–1326) politisch zu einem einheitlichen Staatswesen zusammengeführt worden sind. Nach dem Reichsgründer Osman nennt sich seine nachfolgende, bis 1922 residierende Dynastie „Osmanen" und ihr 700-jähriges Imperium das „Osmanische Reich". Ihre erste Hauptstadt war Bursa, eine ehemalige byzantinische Großstadt, die mit Moscheen und Türben (Grabdenkmälern) zu einer muslimischen Stadt umgewandelt wurde.

Das Verhältnis zum Byzantinischen Reich war zwar einerseits vom Heiligen Krieg geprägt – Osman war ein gefeierter Gazi, ein muslimischer Glaubenskämpfer –, aber auch von militärischer Hilfe, von Bündnissen und sogar dynastischen Verbindungen. Kulturell und politisch übte das „in Hoheit dahinsterbende griechische Reich" eine gewaltige Anziehungskraft auf das junge, expansionswillige Osmanenreich aus. Osmans Enkel Murat I. (1359–1389) nannte sich bereits Sultan (Beherrscher der Gläubigen) und stellte sich mit dem griechischen Basileus auf eine Stufe. Der Gedanke, das alte christliche Oströmische Weltreich zu beerben und es als muslimisches Weltreich weiterzuführen, rückte immer näher an die realpolitische Wirklichkeit heran.

Muslime und Christen

Eine Besonderheit des Islam, welche die rasche Ausbreitung der osmanischen Macht erklärt, war die Tatsache, dass die christlichen und jüdischen Untertanen ihren Glauben ungestört weiterpraktizieren durften und ihre kirchliche Administration unangetastet blieb. Nicht-Muslime, wie Juden, orthodoxe und armenische Christen, waren im Gegenzug zu einer Sondersteuer verpflichtet, die für die nächsten Jahrhunderte (bis 1856) die fiskalische Grundlage des osmanisch-muslimischen Reiches bilden wird. Eine aktive Missionspolitik oder Islamisierung der christlichen Bevölkerung lag also nicht in der Absicht der Osmanen, denn das hätte die Steuer- und Tributeinnahmen erheblich geschmälert.

Diskriminierend für Christen war die Bezeichnung „Giauren" (osman. *Gavur*) im Sinne von „Gottesleugner, Ungläubiger". Sie mussten eine bestimmte Kleidung und Kopfbedeckungen tragen und gewisse Farben vermeiden, außerdem galt für sie das allgemeine Waffenverbot und das Verbot, auf Pferden zu reiten.

1354 überschritten die Osmanen die Dardanellen und eroberten die byzantinische Großstadt Adrianopel, die sie nach 1361 sogleich zu ihrer neuen, in Europa gelegenen Hauptstadt Edirne umwandelten und mit repräsentativen Moschee- und Palastbauten ausstatteten. Mit dem Bau der Sperrfestung *Anadolu Hisarı* (Anatolische Burg) 1394 auf der asiatischen Seite an der Engstelle des Bosporus rückte der sultanische Machtanspruch nahe an Konstantinopel heran. Unter Sultan Beyazit I. (1389–1402), genannt Yıldırım, „der Blitz", umschloss das Osmanische Reich die Kaiserstadt von allen Seiten.

Als legendärer *Kızıl Elma* (Goldener, eigentlich Roter Apfel), den es zu pflücken gilt, war Konstantinopel bei den Türken bekannt. Vielleicht rührt der Name vom Reichsapfel her, den die Statue Justinians vor der Hagia Sophia in der Hand trug. Bis zum Beginn des 15. Jahrhunderts scheiterten alle osmanischen Angriffe an den Landmauern der Stadt. Die Byzantiner wurden jedoch gezwungen, hohe Tribute zu leisten, die es den Sultanen ermöglichten, ihre Macht im Orient bis zum Euphrat und im Westen bis zur Donau auszudehnen. Venezianer und Genuesen übten sich in intransigentem Abwarten, gewannen aber die Überzeugung, dass letztlich Konstantinopel fallen werde. Beide Seemächte hatten daher schon längst geheime Verhandlungen mit den Sultanen angestrebt, um ihre Handelsprivilegien unter osmanischer Oberhoheit zu erhalten.

Keine Hilfe vom Abendland

Nach einer fast erfolgreichen osmanischen Belagerung 1422 begab sich Kaiser Johannes VIII. (1425–1448) nach Italien, um vom Abendland Hilfe zu erbitten. Als er sich auf dem Kirchenkonzil von Ferrara 1439 bereit erklärte, der Kirchenunion mit Rom und der päpstlichen Oberhoheit zuzustimmen, war das Schicksal des über 1000-jährigen Byzanz besiegelt.

Denn im einfachen Konstantinopler Volk wusste man, dass die muslimischen Osmanen zwar politische Unterwerfung forderten und gnadenlos Steuern eintrieben, aber dafür das orthodoxe Patriarchat, die Klöster und die Popen und das ganze „rechtgläubige Christenvolk" in Ruhe ließen. Der Kaiser hatte in orthodoxer Wahrnehmung Verrat begangen und auch höhere byzantinische Kirchenkreise weigerten sich, die „Union mit Rom" anzuerkennen. Und könnten nicht gerade die mächtig auftrumpfenden Osmanen die griechische Orthodoxie vor den Lateinern beschützen? In der bedrängten Stadt wurde daher die Devise immer lauter: *Lieber den Turban des Sultans als die Tiara des Papstes!* (oder nach anderer Lesart: *Lieber einen türkischen Kaiser als eine lateinische Krone!*)

Mehmet Fatih, der Eroberer-Sultan (1453)

Unmittelbar nach der Thronbesteigung Mehmets II. (1451–1481; in arabischer Form Mohammed) liefen die Vorbereitungen zur Einnahme Konstantinopels an. Der 20-jährige Sultan war ein gebildeter Renaissanceherrscher, der Berater, Fachleute und Künstler aus dem Abendland, aus der Orthodoxie und aus dem islamischen Bereich um sich versammelte. Sein

Rumeli Hisarı, die „Burg auf der europäischen Seite"; 1452 erbaut von
Sultan Mehmet II. zur Kontrolle des Bosporus.

erklärtes Ziel war es, das Erbe des Oströmischen Reiches an-
zutreten. Staatspolitisch glich seine Stellung als unumschränk-
ter weltlicher wie religiöser Alleinherrscher derjenigen des
oströmischen Autokrators. Dabei gehören die despotischen
Züge, die ihm von mehreren Chronisten bescheinigt werden,
zur Grundausstattung orientalischer Herrscher und waren
auch dem Abendland nicht fremd.

Dem Sultan war bewusst, dass wegen der tiefen innerchristlichen Brüche das Abendland Byzanz keine Hilfe leisten würde,
ja dass diese eigennützige Hilfe von der Orthodoxie sogar ab-
gelehnt werden würde. Folglich befand sich der byzantinische
Kaiser Konstantin XI. Palaiologos, der Letzte seines Standes, in
einer aussichtslosen Lage. Der 49-jährige Basileus entschloss
sich indes zum bewaffneten Endkampf und berief am 29. Mai
1453 alle Verteidigungswilligen zum letzten christlichen Got-
tesdienst in die Hagia Sophia ein.

Wohlgeplante Belagerungstaktik

Strategisch war das Großunternehmen von den Osmanen gut vorbereitet worden. Um den Bosporus zu sperren, ließ der Sultan 1452 gegenüber der älteren Burg Anadolu Hisarı eine gewaltige Festung mit drei Rundtürmen empormauern: *Rumeli Hisarı* (die Burg auf der europäischen Seite). Ihre Baumeister waren hochbezahlte griechische und armenische Fachleute. Pulvergeschütze erreichten von hier jedes vorbeifahrende Schiff auf dem an dieser Stelle nur 698 Meter breiten Bosporus, weswegen der Burgname *Boğazkesen* (Halsabschneider) gut gewählt war. Auch die Kanonengießer, die dem Sultan die riesigen Feuerrohre lieferten, welche schließlich Breschen in die Landmauern schlugen, kamen aus dem Westen, aus Venedig und Ungarn. Und wer hat dem Sultan offenbart, dass man Schiffe vom Bosporus her übers Land ziehen könnte, um sie in das vorne abgekettete Goldene Horn zu transferieren und von hier aus die Seemauern zu erstürmen?

Dem aus dem gesamten Osmanischen Reichsgebiet zusammengezogenen Belagerungsheer von über 50 000 Mann standen 9000 waffenfähige Verteidiger in der Stadt gegenüber. Die insgesamt 23 Kilometer Wehrmauern waren mit dieser geringen Anzahl nur unzulänglich zu besetzen. 2000 Söldner unter dem genuesischen Hauptmann Giovanni Giustiniani leisteten zwar erbitterten Widerstand, waren aber ein unsicheres Element, da sie im Falle der zu erwartenden Niederlage von genuesischen Schiffen, die im Marmara-Meer kreuzten, aufgenommen werden wollten.

Trotzdem waren die Verluste der Angreifer während der 53-tägigen Belagerung gewaltig, was die nachfolgenden Grausamkeiten erklären mag. Ein letztes Angebot Mehmets II. an den Kaiser vom 25. Mai 1453, Kapitulation und Verschonung anzunehmen, scheiterte. Am 29. Mai 1453 gelang es den Janitscharen, den Elitetruppen der Osmanen, die Landmauern zu überwinden. Kaiser Konstantin XI., als Krieger ein würdiger Nachfolger des Stadtgründers Konstantin, stellte sich den Osmanen beim Romanos-Tor entgegen. Unter den Haufen der Erschlagenen wurden später nur seine pupurroten Schuhe gefunden.

Die letzten byzantinischen Verteidiger verschanzten sich um die Muchliotissa-Kirche, welche seitdem bei den Türken *Kanlı Kilise* (Blutkirche) heißt. Während die griechischen Verteidiger hier oder bei den Landmauern gefallen waren und sich die überlebenden westlichen Soldkrieger auf den Schiffen in Sicherheit brachten, war die zivile Stadtbevölkerung dem Einbruch und dem Mutwillen der Eroberer für drei Tage schutzlos preisgegeben. Sehr zahlreich war die Einwohnerschaft nicht mehr, da viele Familien rechtzeitig geflohen waren. Und auch das Plünderungsgut hielt sich in Grenzen, denn das Wertvollste

Die Eroberung von Konstantinopel durch Sultan Mehmet II. am 29.5.1453. – Französische Buchmalerei aus der Chronik des Jean Chartier, um 1480.

hatten schließlich schon die Kreuzritter 250 Jahre vorher geraubt. Großflächige Brände suchten nur den Blachernenpalast heim, der nicht mehr aufgebaut wurde.

Am 1. Juni 1453 ritt der Sultan durchs Goldene Tor über die Mese zur Hagia Sophia, die er staunend betrat. Durch die Deklamation des islamischen Glaubensbekenntnisses und der Eröffnungs-Sure des Koran *(Fatiha)* wurde die orthodoxe Kaiserkathedrale zur Moschee umgewandelt, und zwar zur erstrangigen Sultansmoschee des Osmanischen Reiches.

Hagia Sophia – Aya Sofya:
Die „Göttliche Weisheit" bleibt bestehen

Das Heiligtum behielt sowohl seinen Namen in der Form *Aya Sofya* wie seine Weihe an die „Göttliche Heilige Weisheit" auch unter islamischer Herrschaft bei. Dem koranischen Bilderverbot entsprechend begann man zwar nach einiger Zeit, die Mosaike und Wandmalereien abzuschlagen, ging aber dann dazu über, sie unter dicken Putz zu legen (wodurch sie letztlich konserviert worden sind!). Im 16. Jahrhundert wurden Fresken und Mosaike aber noch auswärtigen Besuchern gezeigt.

Neben dem Bauwerk ließ Mehmet ein Minarett errichten, dem seine Nachfolger im 15. und 16. Jahrhundert weitere drei hinzufügten. Türben (Grabmausoleen) und Reinigungsbrunnen vervollständigten das muslimische Außenbild der ehemaligen Kirche. Die acht großen von der Kuppel in den Innenraum herabschwebenden Rundschilde mit den Namen Allahs, Mohammeds und der ersten Kalifen wurden im 17. Jahrhundert angebracht.

Nicht ganz so ehrfürchtig gingen die Eroberer mit der nahen Kirche des Heiligen Friedens, der Irenenkirche, um. Sie kam in den Besitz des Heeres, wurde ihres Interieurs entkleidet und diente fortan als Waffenkammer und Depot für Geschützrohre. Immerhin hat der Bau als solcher überlebt. Er dient heute als Konzertsaal.

Mehrere wichtige Kirchen fielen der Zerstörung anheim, wobei wir nicht wissen, wie ihr Zustand vor 1453 gewesen ist. Erdbeben und Brände hatten der gesamten Bausubstanz bereits schwer zugesetzt. Die Demolierung der schönen Hodegetria-

Kirche und die Vernichtung der Marienikone gingen wohl auf das Konto siegestrunkener Janitscharen. Der Abriss der Apostelkirche 1462 war hingegen ein politischer Akt, handelte es sich doch um eine der bedeutendsten Kaiserkirchen des alten Byzanz. An ihrer Stelle ließ der siegreiche Sultan von 1463 bis 1470 die *Fatih Camii*, die Eroberer-Moschee, errichten. Sie beherrscht den 4. Hügel.

Die meisten Kirchen wurden während des 16. und 17. Jahrhunderts zu Moscheen umgewandelt und dem islamischen Kultus angepasst. Ein Beispiel ist die Sergios-und-Bakchos-Kirche, die noch aus justinianischer Zeit stammt. Die Osmanen nannten sie recht treffend *Küçük Aya Sofya* (Kleine Hagia Sophia). Die prächtigen Fresken der Chora-Kirche *(Kariye Camii)* überlebten unter dem Kalkputz, mit dem die Muslime die Bilderfolge abdeckten.

Konstantinopel behält seinen Namen: Qostantiniye

Beim Ritt durch die Ruinen des Justinianspalastes soll der Sultan die Verse eines persischen Dichters zur Vergänglichkeit des Irdischen zitiert haben: *Die Spinne webt die Vorhänge in Chosraus Hallen / die Nachteule ruft von Afrasiabs Türmen die Stunden aus.*

Mehmet, der als „Fatih" (der Eroberer) in die Geschichte eingegangen ist, begann nun, die neu eroberte Großstadt zur Hauptstadt des Sultansreiches und zum Mittelpunkt des wachsenden osmanischen Imperiums zu verwandeln. Als Zeichen, dass die Osmanen sich als die wahren Nachfolger des byzantinischen Weltreichs sahen, blieb der Stadtname als *Qostantiniye* weiter offiziell bestehen. Die Kaiser Konstantin und Justinian lebten ja vor dem Propheten Mohammed und ließen sich daher problemlos in die osmanisch-muslimische Reichsideologie einordnen.

Im Volksmund hatten sich freilich die Bezeichnungen „Stambul" oder „Istanbul", aus griech. *eis ten polin* (in die Stadt) längst durchgesetzt. Auch die neuen türkischen Einwohner übernahmen „Istanbul", glaubten aber, dies würde *Islambol* (voll des Islam) bedeuten.

Zum Platz seiner ersten Residenz wählte Sultan Mehmet das weitflächige Tauros-Forum. Der später *Eski Saray* (Altes Serail) genannte Bau dürfte weitgehend aus Holz erbaut worden sein. Trotz seines provisorischen Aussehens war er bis ins 18. Jahrhundert in Betrieb und nahm *des Großtürcken Weiber und Kebsweiber auf, 500 an der Zahl,* wie uns ein deutscher Gesandter 1577 wissen ließ. Vielleicht wurden die Ruinen des Theodosios-Bogens mit den bis heute noch erhaltenen Säulenschäften und ihrer originellen Ornamentik in den Bau miteinbezogen. Mehmets Sohn Beyazit II. ließ hier eine umfangreiche Badeanlage errichten. Im 19. Jahrhundert kam das Kriegsministerium mit dem weithin sichtbaren Feuerwachtturm (Beyazit-Turm) hinzu, das später zur ersten Universität Istanbuls umgebaut wurde.

Topkapı Sarayı, die osmanische Palaststadt

Ins Auge fallen musste freilich der erste Hügel, die antike Akropolis mit ihrem weiten Rundblick über die Meere, die in byzantinischer Zeit nicht genutzt worden war. Dort sollte der sultanische Palast entstehen und das politische Zentrum des sich immer noch vergrößernden Weltreichs. Mehmet dachte bereits an eine regelrechte Palaststadt und ließ daher zuerst ein großes Areal von einer Mauer umfassen. Sie verläuft übrigens zwischen der Aya Sofya und der Irenenkirche *(Aya İrini)* hindurch und trennt bis heute diese zwei eigentlich zusammengehörenden Sakralbauten.

Mit dem *Çinili Köşk* (Chinesischer Kiosk) entstand ein erster Repräsentationsbau. Das „Chinesische" bezieht sich auf die feinen Fayencen, welche an der Fassade angebracht sind und die auch die Innenräume schmücken (heute: Fliesensammlung). Unter Mehmet II. entstand noch das prächtige Eingangstor zum Serail *(Bab-ı Hümayun)*, wovon die *Tuğra*, der Namenszug des Herrschers in goldener Kalligrafie, kündet. Jeder Sultan fügte weitere Bauwerke hinzu, bis der gesamte Palast-Komplex des so genannten *Topkapı Sarayı* im 19. Jahrhundert verlassen wird.

Die Resonanz des Abendlandes auf die Einnahme Konstantinopels war verhalten gewesen, zumal die Kenntnis von der Existenz von Byzanz nach 1204 im Westen geschwunden war. Zu ernsthaften Rückeroberungsversuchen ist es nicht gekommen.

Sultan Mehmet II. Fatin, der Eroberer Konstantinopels 1453. –
Gemälde von Gentile Bellini, 1480. National Portrait Gallery, London.

Trotzdem waren die Osmanen auf der Hut und ließen die Landmauern, wenn auch in vereinfachter Form, wieder herrichten. Für die Stadttore bürgerten sich neue Namen ein, die allerdings schon in spätbyzantinischer Zeit gebräuchlich waren, wie beispielsweise Adrianopler Tor *(Edirne Kapı)* oder Belgrader Tor *(Belgrad Kapı)*.

Das alte Goldene Tor wurde in die Zitadelle von *Yedikule* integriert, in das „Schloss der sieben Türme", von welchen sechs erhalten geblieben sind. Nachdem im 16. und 17. Jahrhundert der osmanischen Hauptstadt keine reale Gefahr von außen drohte, verlor Yedikule seinen Festungscharakter und diente als Archiv, Staatsgefängnis und unfreiwilliger Aufenthaltsort für Geiseln und für unbotmäßige ausländische Gesandte.

Auch die weitere Umgebung der Sultansstadt wurde in das neue Bauprogramm einbezogen. Neben dem Herrscher mussten sich daran Wesire und Heerführer (Paschas) durch fromme Stiftungen beteiligen. Noch vor den osmanischen Moscheebauten in Konstantinopel selbst ließ Mehmet 1458 die Eyüp-Sultan-Moschee am Ende des Goldenen Horns, außerhalb des eigentlichen Stadtgebiets, errichten. Eyüp entwickelte sich in der Folgezeit zu einem wichtigen islamischen Wallfahrtsort, der von ausgedehnten Friedhöfen umgeben war. Nicht-Muslime durften sich hier nicht niederlassen.

In *Üsküdar* (Skutari) auf dem asiatischen Bosporusufer entstanden schon kurz nach 1480 die Rumi-Mehmet-Pascha-Moschee und ein Sultanspalais. Von Üsküdar zog sich der Karawanenweg zu Lande bis Bagdad hin. Breite, mit Pinien und Zypressen bepflanzte Friedhofsgürtel erstreckten sich vom asiatischen Bosporusufer ins anatolische Hinterland hinein. Sie glichen Parks und Gartenanlagen und waren ein beliebtes Ausflugsziel der Städter. Ein reger Fährverkehr über den Bosporus verband Istanbul mit Üsküdar und *Kadıköy* (Kalchedon) und in den Häfen und Bootshäusern am Bosporus warteten zahlreiche Ruder- und Transportschiffe. Auch für ärmere Familien waren sommerliche Bootsausflüge entlang der Bosporusufer und ein Picknick im Tal der „Süßen Wasser von Asien" erschwinglich. Im Mondschein begegnete man dann vielleicht der erleuchteten Sultansgaleere mit dem Padischah unter einem Baldachin.

Galata wird „Pera"

Und was geschah mit Galata bzw. Pera, dem genuesischen Stützpunkt? Nach dem Fall Konstantinopels war der genuesische Podestà der Kolonie der Erste, der dem Eroberersultan Glückwünsche übermittelte und die friedliche Unterwerfung Peras anbot. Mehmet garantierte zwar gewisse Handelsprivilegien, verlangte aber regelmäßige Tributzahlungen und den Abriss der Hafenbefestigungen. Auch förderte er die Übersiedlung muslimischer Einwohner, für welche bald christliche Kirchen Peras in Moscheen umgewandelt wurden. Gegen 1512 wurde das Galata Sarayı vollendet, in welchem die sultanischen Pagen unterrichtet wurden. Neue Hafenbecken an der Nordküste des Haliç – des Goldenen Hornes – und besonders die Kanonengießerei *(Tophane)* vor den Toren Galatas zogen zahlreiche Türken an.

Seit dem 17. Jahrhundert nahm die muslimische Bevölkerung daher immer mehr zu. Andererseits bewahrte Pera seine Attraktivität für die „Franken", die hier Botschaften, Hospize und Kontore einrichteten. In kleinen Konventen wirkten Dominikaner und Franziskaner. Die gotische St.-Pauls-Basilika an der ehemaligen Piazza wurde nach 1453 allerdings zur *Arap Camii* (Arabische Moschee) verwandelt. Außerhalb der Stadttore Galatas zogen sich Weingärten hin. Bis ins 20. Jahrhundert unterscheidet sich auch das urbane westliche Gefüge Galatas bzw. Peras deutlich vom orientalischen Istanbul.

Wieder der „Nabel der Welt": Die Sultanstadt als „Neue Mitte" (1453–1914)

Das Osmanische Reich

Konstantinopel stieg unter den Osmanen zur Hauptstadt eines geradezu riesigen, sich über den Nahen Osten, Nordafrika und Südosteuropa erstreckenden Imperiums empor. *Der Schatten des Sultans fällt auf drei Erdteile – Europa, Asien und Afrika*, schrieben die osmanischen Hofpoeten.

Das Osmanische Großreich erstreckte sich über Südosteuropa mit Bosnien, Serbien, Bulgarien und Makedonien einschließlich Griechenlands. Der Balkanraum war sein eigentliches Kernland. Die „Donaufürstentümer", das heutige Rumänien, hatten Tribute zu entrichten. Von Istanbul aus beherrscht wurden ferner das gesamte Umfeld des Schwarzen Meeres mit der Krim und der südliche Kaukasus. Anatolien galt als das Hinterland der Sultanstadt. Der gesamte Nahe Osten und Arabien mit den Heiligen Stätten Mekka und Medina wurde von Konstantinopel regiert. Auch in Ägypten und in Nordafrika, in Libyen, Tunesien und Algerien saßen osmanische Statthalter.

Trotz seiner Ausdehnung war das Reich – zumindest bis ins 18. Jahrhundert hinein – administrativ gut organisiert und verfügte über eine funktionierende Verwaltung. Die Untertanen standen dem osmanischen Staat durchaus loyal gegenüber. Christen und Juden waren zwar abgabenpflichtig, wurden aber in ihrer Religionsausübung nicht gestört und stiegen zum Teil bis in die höchsten Ämter des Reiches auf, mussten dafür dann allerdings konvertieren.

Das östliche Mittelmeer und das Schwarze Meer stellten somit quasi osmanische Binnenmeere dar und Konstantinopel, die Sultansresidenz, befand sich genau im Zentrum, im Schwerpunkt dieses gewaltigen europäisch-asiatischen Imperiums. Ein Vergleich zum vorangegangenen Byzantinischen Reich zur Zeit seines Höhepunkts zeigt, dass das Osmanische Reich in seiner Blütezeit um 1600 sich in annähernd denselben Grenzen erstreckt hat. Und in beiden Fällen lag die Hauptstadt Konstantinopel bzw. Qostaniqe genau im Mittelpunkt. Alle Wege führten dorthin.

Weiterhin Metropolis der Griechen

Politisch und kulturell repräsentierte das Osmanische Reich ein orientalisch-osteuropäisches Staatswesen, eine Art Zwittergemeinschaft oder „Kondominium", das islamischen Orient und christlichen Orient in sich vereinigte. Zwar war nun der Islam die bestimmende Religion, aber die griechische Orthodoxie blieb ein wichtiger Machtfaktor innerhalb des Reiches. Das griechisch-orthodoxe Patriarchat bestand weiter und behielt seine Vorrechte gegenüber allen orthodoxen Untertanen des Reiches bis ins 19. Jahrhundert. Der ökumenische Patriarchatssitz in Konstantinopel bildet bis heute, allen Fährnissen in einer nicht-christlichen Umgebung zum Trotz, den geistigen Mittelpunkt der Ostkirche. Konstantinopel repräsentierte demnach auch unter osmanischer Herrschaft die *Metropolis* der orthodoxen Welt. Aufgrund der strikten Abwehrhaltung der orthodoxen Kirche der päpstlichen Westkirche gegenüber verhielten sich das Patriarchat und das „rechtgläubige" Kirchenvolk der Sultansherrschaft gegenüber loyal.

Eine besonders privilegierte Stellung nahmen die „Fanarioten" ein, Angehörige der alten byzantinischen Oberschicht, wie die ehemaligen Kaiserdynastien der Palaiologen und der Kantakuzenen, die im Konstantinopler Stadtviertel Fanar (Leuchtturm) am Goldenen Horn wohnten. Traditionsgemäß standen ihnen hohe Staatsämter und die Stellung des sultanischen „Dragoman" zu. Die wörtliche Übersetzung „Dolmetscher" greift dabei zu kurz, der Dragoman war faktisch der Außenminister des Osmanischen Reiches, der mit den abendländischen Mächten Verhandlungen führte. Seit 1601 residiert auch das Patriarchat in Fanar (türk. *Fener*). 40 orthodoxe Kirchen standen den Griechen in Istanbul zur Verfügung.

Konstantinopel: „Größte griechische Stadt"

Innerhalb der Reichsorganisation bildeten die Griechen (wie auch Armenier und Juden) ein selbstständiges *Millet*, d. h. eine Glaubensgemeinschaft, die im Inneren über Verwaltungs- und Kulturautonomie verfügte. Griechen blieben auch weiterhin in so großer Zahl in der osmanischen Hauptstadt ansässig, dass Konstantinopel der Bevölkerungszahl nach den Rang der „größten griechischen Stadt" behielt, und zwar bis weit ins 19. Jahrhundert! Und als allgemeine Verkehrs- und Handelssprache war Griechisch weiterhin im gesamten Bereich der Levante (des östlichen Mittelmeeres) und im Balkanraum verbreitet. Im Binnenhandel des Reiches nahmen die Griechen bald die führende Stellung ein. Ein dichtes Netz von griechischen Handelsniederlassungen überzog das Reichsgebiet. Der gesamte zivile und militärische Seeverkehr ruhte auf griechischen Schultern. Die osmanische Flottenführung oblag zum überwiegenden Teil griechischen Kapitänen und Matrosen.

In besonderer Weise profitierten Griechen vom Bestreben der Osmanen, den genuesischen und venezianischen Fernhandel auszuschalten. Seit dem 16. Jahrhundert drängten die Osmanen den Einfluss der italienischen Seerepubliken zurück. Nach und nach eroberten sie die venezianischen Kolonien in der Ägäis, zuletzt 1669 Kreta. An die Stelle der italienischen Kaufleute traten griechische Geschäftsleute, denen der lukrative Levantehandel zufiel. Seit dem 18. Jahrhundert verfügten griechische Reeder über eigene Handelsflotten, die unter osmanischer Flagge das gesamte Mittelmeer und die Seewege bis England und in die Niederlande befuhren. Zu den klassischen Exportgütern Öl und Wein kam seit dem Ende des 18. Jahrhunderts der Orient-Tabak hinzu. In Istanbul und Smyrna *(İzmir)* wuchs ein wohlhabendes griechisches Handelsbürgertum heran, das im 19. Jahrhundert zum Träger des griechischen Nationalgedankens wurde.

Minderheiten: Armenier, Juden, Roma

Noch ein Wort zu den anderen geduldeten Minderheiten: Die Armenier waren bereits in Byzanz präsent gewesen. Unter den Osmanen bildeten sie eine gut betuchte Mittelklasse, führten Schneider- und Kürschnerwerkstätten und waren gefragte Juwe-

liere. Ihre bevorzugte Wohngegend war Kumkapı. Der Sultanshof vertraute meist nur armenischen Ärzten. Bei den Muslimen
übel beleumdet, aber dafür umso mehr aufgesucht wurden armenische Weinhandlungen und Schenken. Aus Spanien vertriebene Juden (Sephardim) ließen sich hauptsächlich in Galata
und Balat nieder, wo sie Werkstätten für Kunsthandwerk betrie-
ben. Zu Geld kamen sie als Bankiers, Zinsnehmer und Makler.
Armenier und Juden entwickelten wie die Griechen eine eigene
gebildete Bourgeoisie, die im 19. Jahrhundert engere Verbindungen zu Europa und Amerika aufnahm.

Eine besondere Bevölkerungsgruppe, der unter Mehmet
dem Eroberer in Sulukule an der Landmauer Wohnsitze zuge-
wiesen wurden, sind die Roma. Als Bärenführer, Musikanten,
Gaukler und offenherzige Bauchtänzerinnen waren ihre Dienste
jahrhundertelang gefragt. Gegenwärtig ist das pittoreske Viertel Sulukule am Edirne Kapı allerdings von Grundstücksspekulation bedroht.

Das osmanische „Haus der Glückseligkeit":
Dar-ı Saadet

Die Hauptstadt der Osmanen erlangte ihre 1204 verlorene urbane Mittelpunktsfunktion wieder zurück, sie stand erneut im
Zentrum eines weitläufigen Verkehrsnetzes und wurde Haupt-
handels- und Hauptumschlagplatz für Waren aus allen Himmelsrichtungen. Allein der Sultanshof bildete einen Markt von
enormer Kaufkraft. Griechische, armenische und jüdische Familien Konstantinopels behielten unter den Osmanen ihre
führende Stellung im Wirtschaftsektor und unterhielten Han-
delsbeziehungen von Indien über Persien bis Italien und in die
Niederlande.

1517 ging das mit dem Besitz von Mekka und Medina ver-
bundene Kalifat auf den osmanischen Sultan Selim über. Seine
Nachfolger bekleideten das Amt des Sultans und des Kalifen bis
1922 in Personalunion. Die Stadt erfuhr damit eine weitere
Erhöhung ihrer kulturellen und religiösen Stellung. Als Sitz des
Kalifen, des Stellvertreters des Propheten auf Erden, stieg sie in

der Wahrnehmung aller Muslime neben Mekka, Medina und Jerusalem zur vierten heiligen Stadt auf. In Urkunden erhielt Qostantiniye den schmückenden Beinamen *Dar-ı Saadet* – Haus der Glückseligkeit. Und an die Stelle des arabischen Herrschertitels Sultan (Beherrscher der Gläubigen) trat nun öfters der aus dem Persischen stammende Titel *Padischah* – „Großkönig" oder „König der Könige".

Abzulesen ist der rasante Bedeutungsaufstieg der neuen osmanischen Kapitale an der Zunahme der Bevölkerungszahlen, die wir nun anhand der Steuerlisten exakter zu erfassen vermögen: Im Anschluss an die Eroberung erfolgte eine Phase der Wieder- und Neubesiedlung des Stadtareals. Geflohene Griechen und Armenier erhielten bald wieder ihre Zuzugsberechtigung. Aus Anatolien wurden türkische Muslime in großer Zahl umgesiedelt. Nach jedem erfolgreichen Feldzug kamen neue Bewohner aus den eroberten Gebieten hinzu: weitere Griechen von der Peloponnes, Bulgaren und Bosniaken aus dem Balkan, Arnauten aus Albanien und Armenier aus Ostanatolien. Ob es sich wirklich um „Zwangsdeportierte" handelte, darf bezweifelt werden, ermöglichte doch das „Haus der Glückseligkeit" im Schatten des Sultans ein begehrtes und exklusives Leben. Mit Sicherheit freiwillig kamen Juden, die vor den Verfolgungen in Europa und vor der spanischen Inquisition flohen und im Osmanenreich bereitwillig aufgenommen wurden.

1477/78 hatte sich die Bevölkerung nahezu verdoppelt und zählte nun 80 000 Einwohner. Ein gutes Drittel davon bestand aus Christen, Griechen und Armeniern. Man erkennt daraus, dass einerseits der griechische Bevölkerungsverlust 1453 nicht gravierend gewesen sein kann, andererseits aber, dass eine profunde ethnische Umwälzung zugunsten der Muslime stattgefunden hatte. 1520 beträgt die Einwohnerzahl 400 000, 1550 eine halbe Million, davon 58 % Muslime, 30 % Orthodoxe (in der Mehrzahl Griechen) und 12 % „Franken", Armenier und Juden. Dieses Zahlenverhältnis bleibt bis ins 19. Jahrhundert konstant.

Im 17. Jahrhundert war das Stadtgebiet innerhalb der theodosianischen Stadtmauer mit 700 000 Bewohnern sozusagen wieder aufgefüllt. Für 1690 werden 740 000 Einwohner gezählt. Konstantinopel war damit erneut die volkreichste Stadt des europäischen Kontinents geworden. Die Millionengrenze überschreitet die Bevölkerungszahl während des Ersten Weltkriegs, um dann allerdings wieder abzusinken.

Die urbane Transformation zur muslimischen Stadt

Die drei Nachfolger Mehmets des Eroberers, Beyazit II. (1481–1512), Selim I. (1512–1520) und Süleyman I. (1520–1566), leiteten eine intensive Bautätigkeit ein, um die Stadt im imperialen Maßstab auszubauen und neue Zentren einzurichten. Das neue sultanische Stadtbild wird über die Jahrhunderte hinweg bis ins 19. Jahrhundert Bestand haben und ist bis heute noch deutlich zu erkennen.

Die prominenten vier Hügel Konstantinopels und die drei zu solchen erklärten Geländewellen wurden im 15. und 16. Jahrhundert mit sultanischen Prachtbauten erhöht, deren Kuppeln und Minaretts im Wesentlichen die einzigartige Stadtsilhouette bis heute prägen. Es handelte sich um mächtige Moschee-Komplexe *(Külliye)*, welche die exponierten Lagen der Stadt seitdem beherrschen.

Osmanische Stadtbaukunst: Külliye

Die *Külliye* (wörtl.: „Gesamtheit") stellt einen eigenständigen osmanisch-muslimischen Bautypus dar. Darunter versteht man die architektonische Kombination der Sultansmoschee mit sozialen, karitativen, schulischen und ökonomischen Institutionen im Rahmen einer einheitlichen Gesamtanlage. Das Zentrum der Külliye bildet die Moschee. Um sie bzw. um einen dem Hauptportal vorgelagerten Innenhof herum gruppieren sich im Regelfall die *Medrese* (Hochschule für islamische Theologie, Jurisprudenz und Literatur), ein *Imaret* (Volksküche) und ein *Bimaristan* (Spital). Eine Umfassungsmauer umgibt den gesamten Komplex und weist auf einen besonderen „umfriedeten" Bezirk hin.

Die Erlöse einer zum Moscheekomplex gehörenden Ladenzeile dienen der ökonomischen Unterstützung der Stiftung. Im Außenbereich finden sich im Idealfall noch eine Schule *(Mekteb)* mit Bibliothek *(Kütüphane)*, eine Badeanlage *(Hamam)* und eine

Pilgerunterkunft. Im Garten außerhalb fand der Stifter in einer *Türbe* (Grabmal) seine ewige Ruhe. Baulich handelt es sich bei der Türbe um ein kuppelbedecktes Mausoleum über rundem oder mehreckigem Grundriss, das im Inneren das Grabmal des Stifters birgt. Die Medrese vor dem Haupteingang der Moschee stellt in der hierarchischen Ordnung das zweitwichtigste Bauwerk der Külliye dar. Gewöhnlich wird sie als Geviert um einen Innenhof, mit kleinen kuppelüberwölbten Zellen, den Wohnräumen der Lehrenden und Lernenden, zum Hof hin gebildet. Volksküche und Hospital sind meist in einen Flügelbau der Medrese integriert, können aber auch selbstständige Bauten wie in der *Süleymaniye* sein. Im Gegensatz zur eigentlichen Moschee sind die Umgebungsbauten bewusst schlicht und zweckmäßig, ohne besonderen Dekor gehalten.

Unerlässlich ist die Brunnenanlage mit Wasserverteilung für die weitere Umgebung. Die im osmanischen Istanbul reichlich sprudelnden Fließwasserbrunnen wurden vom restaurierten Valens-Aquädukt versorgt. Um den steigenden Wasserverbrauch der Stadt zu befriedigen, ließ Sultan Süleyman I. zahlreiche Quellen in der Umgebung fassen und in Bleirohren über neue Aquädukte in die Stadt leiten.

Die Sultansmoscheen: Abglanz des Paradieses

Die *Külliyen* Istanbuls, allesamt sultanische Stiftungen, stellen umfangreiche, groß dimensionierte Baukomplexe dar. Sie erheben sich auf exponierten, zum Teil künstlich terrassierten Hochplateaus und erlangen als Zentrum in jeder Hinsicht für die Umgebung Raum ordnende Gestaltung. Im Kontrast zu dem sie umgebenden Durcheinander von Holzhäusern und Sackgassen, das sich fast in jeder Generation verändert, sind die Külliye-Anlagen streng symmetrisch geordnet. Darin kommt ihr Anspruch auf Dauerhaftigkeit und Unveränderlichkeit signifikant zur Geltung.

Wir können – neben der rein sakralen Funktion – drei Hauptfunktionen der Külliye herausstreichen:

a) Eine politische, repräsentative Funktion, nämlich die Darstellung der imperialen Macht: Sie kommt im Sultansnamen der gesamten Anlage zum Ausdruck und zeigt sich auch in der vom Volk als Pilgerstätte verehrten Türbe des Stifters.

b) Eine öffentliche Funktion: Der Külliye-Raum um die Moschee dient als Versammlungsort. Die Külliye übernimmt damit die Aufgabe der Agora oder des Forums.

c) Eine soziale, genauer: wohlfahrtsstaatliche, Funktion: Die Külliye stellt eine gemeinnützige Einrichtung dar, die allen Muslimen – ungeachtet ihres Standes – uneingeschränkt zugänglich ist (Armenküche und Krankenversorgung standen auch Christen und Juden offen).

Die Monumentalität und die dynastische Selbstdarstellung, die der Islam ja eigentlich verpönt, sollte durch die angebotene Wohltätigkeit sozusagen „kompensiert" werden. Je aufwändiger die Prachtentfaltung der Moschee und der Hinweis auf den Stifter waren, umso mehr steigerte sich auch das helfende, versorgende Angebot an die Untertanen. Ein Kunsthistoriker hat dies treffend als eine *Verbindung von herrschaftlicher mit dienender Architektur* bezeichnet.

Die Moschee, die der Eroberersultan Mehmet Fatih an Stelle der Apostelkirche von 1463 bis 1470 erbauen ließ, wurde bereits erwähnt. Nach einem schweren Erdbeben stürzte 1766 deren Kuppelsaal ein. Der heutige Bau stammt aus dem ausgehenden 18. Jahrhundert. Auch die Türben des Eroberers und die seiner Lieblingsfrau Gülbahar – der Mutter Beyazits II. – wurden 1782 neu errichtet.

Beyazit II. (1484–1512) wählte sich den östlichen Abhang des dritten Hügels, den der alte Taurus-Platz einnahm, für seine Külliye aus. 1501 begannen die Arbeiten, wurden aber durch das verheerende Erdbeben von 1509 unterbrochen. Die neben dem gedeckten Bücherbasar im altehrwürdigen Universitätsviertel gelegene Moschee ist heute als „Taubenmoschee" bekannt.

Unter Sultan Süleyman, den der Westen *Il Magnifico*, den Prächtigen, nannte, und der bei den Osmanen *Kanuni*, der Gesetzgeber, hieß, erreichte das Osmanische Reich seinen Zenit. Die Deutschen seiner Zeit sprachen bewundernd vom „Türckischen Kayser", Franzosen und Engländer vom „Grand Turk" und die Italiener vom „Gran Turco". Der dritte Hügel trägt die von Süleyman, dem Gesetzgeber, von 1550 bis 1557 errichtete Süleymaniye, eine von vier Minaretten umgebene, die Stadt beherrschende Moschee mit weitem Vorhof.

Der Architekt Süleymans war Sinan, ein genialer Baumeister *(Mimar)*, dem wir im Gesamtgebiet des Osmanischen Reiches 334 Bauwerke, darunter die Hälfte in Istanbul, zuordnen können. In seinen Moschee- und Kuppelbauten variiert er das Hagia-Sophia-Thema in vielfältiger Weise. Sinans Leben ist uns im Gegensatz zu seinem grandiosen Werk nahezu unbekannt geblieben, was seine Herkunft zum Objekt zahlreicher Spekulationen werden ließ. Der Ort, an dem er um 1490 geboren wurde, liegt in der Nähe von Kayseri in Zentralanatolien. Erst nach einer Karriere im Heer wurde er als bereits 50-jähriger zum Hofbaumeister berufen, wirkte aber noch bis 1588. Seine Türbe steht unterhalb der Süleymaniye Külliye.

Auf dem 5. Hügel ließ Sultan Süleyman 1520 die *Selimiye*, die Sultan-Selim-Moschee, zum Gedächtnis an seinen Vater errichten. Selim I. (1512–1520) war als „Glaubenskämpfer" auf einem Kriegszug gegen die ungarischen und kroatischen „Ungläubigen" gefallen. Er war zudem der erste Osmane gewesen, der den Titel Kalif führte und unter dem Qostantiniye wieder zu einer „Heiligen Stadt" wurde, zur vierten heiligen Stadt des Islam nach Mekka, Medina und Jerusalem, die er alle erobert hatte.

Während sich auf dem alten Akropolis-Hügel das Topkapı Sarayı ausdehnte und die davor liegende Aya Sofya wieder zum sakralen Zentrum des Osmanischen Reiches aufgestiegen war, lag der Bereich des ehemaligen Justinianspalastes ruinös und verlassen da. Das Hippodrom, das die Türken treffend bis heute *At Meydanı* (Pferdeplatz) nennen, hatte durch Steinraub und Erdaufschüttung längst seinen monumentalen Charakter verloren. Polo-Spieler und Rennreiter nutzten die Freifläche und ihnen sind vermutlich auch die Zerstörungen der noch verbliebenen antiken Standbilder, wie der Schlangensäule von Delphi, anzulasten.

Erst Sultan Ahmet (1603–1617) wagte sich an die urbane Neugestaltung dieses Areals. Den At Meydanı ließ er unberührt, doch auf den Resten des Justinianspalastes entstand unter ihm die größte Moschee Istanbuls.

Die Blaue Moschee

Unter den Sultansmoscheen ist sicher die Sultan-Ahmet-Moschee die prachtvollste. Sie befindet sich genau gegenüber der Hagia Sophia und bildet in ihrer imposanten Größe ein urbanes Gegengewicht zu ihr. Zwei ungeheure Baumassen stehen sich hier also gegenüber, aber keineswegs konfrontativ oder einander abweisend, sondern sich in ästhetischer Form ergänzend. Auch ein schöner grüner Park zwischen beiden Bauwerken mag zu dem harmonischen Miteinander beitragen. An der Sultan-Ahmet-Moschee mit ihrer gewaltigen Zentralkuppel von 22 Metern Durchmesser erkennt man gut den Vorbildcharakter der Hagia Sophia und den Einfluss ihrer Formensprache auf den osmanischen Moscheebau. Dabei handelt es sich keineswegs um eine reine Kopie des älteren byzantinischen Vorbilds, sondern um eine eigenschöpferische osmanische Variante dieses Bautypus.

Ihre religiöse Sonderstellung kommt in der Ausstattung mit sechs Minaretten zum Ausdruck. Dieses Privileg kam eigentlich nur der muslimischen Hauptmoschee in Mekka zu. Um diesen Vorrang Mekkas unangetastet zu lassen, musste der Sultan der mekkanischen Moschee ein siebtes Minarett stiften.

Im Gegensatz zur Kuppel der Hagia Sophia, die fast schwerelos über dem Raum zu schweben scheint, wird diejenige der Sultan-Ahmet-Moschee von vier monumentalen runden Pfeilern gestützt, was ihr den Beinamen „Elefanten-Moschee" eingetragen hat. Der Innenraum empfängt den Besucher in einem fast unwirklichen kühlen, blaugrünen Licht. Es strahlt von tausenden blauen Fayence-Kacheln wider, mit denen die Wände verkleidet sind – weshalb sie auch „Blaue Moschee" heißt.

Hohe Würdenträger gründeten fromme Stiftungen und bereicherten das Stadtbild durch eigene Sakralbauten, Kervansarays (Unterkunftshäuser), und viele Brunnenanlagen. Aber wer es sich leisten konnte, stiftete eine kleine *Külliye*, wie der als geizig geltende Großwesir Rüstem Pascha in seinem Todesjahr 1561. Seine Gemahlin Mihrimah, eine Sultanstochter, beauftragte den genialen Sinan mit dem Bau der Rüstem-Pascha-Moschee. Im Inneren ist sie verschwenderisch mit Fliesen ausgekachelt.

Das waren die wichtigsten hoheitlichen Moscheebauten. Doch das osmanische Istanbul soll – Galata, Eyüp, Üsküdar,

Die prächtige Sultan-Ahmet-Moschee nimmt heute den Platz des
oströmischen Kaiserpalastes ein.

Kadıköy und die Bosporus-Ortschaften mit eingerechnet –
rund 2000 Moscheen gezählt haben! Die wenigsten davon
waren Freitagsmoscheen, d. h. größere Moscheen, in welchen
sich am islamischen Feiertag die Bewohner einer Mahalle (eines
Stadtbezirks) versammelt haben. Der überwiegende Teil bestand aus schlichten Holzbauten und kleinräumigen Gebetsstätten, so genannten *Mescits* (Mesdschit).

Unübersehbar in der Stadt waren Derwische, Angehörige
asketischer muslimischer Bruderschaften und Orden. Fast jede
muslimische Familie stand mit einem der zahlreichen Der-
wischorden in Verbindung. Der bekannteste unter den Sufi-
Orden ist der um 1240 von Mevlana gegründete *Mevleviye*-
Orden der „Tanzenden Derwische". Ihr Versammlungsplatz
war die *Tekke*, eine Art Kloster, von der es in Istanbul 300 gegeben haben soll. Ausländern aus Europa fielen natürlich zuerst
die *Delikanlı* auf, die „heißblütigen Narren", die mit allerlei
Verrücktheiten ihren Glauben zur Schau stellten.

Hohe Verehrung bei den einfachen Gläubigen genossen die zahlreichen wundertätigen Heiligtümer und kleinen Schreine. Ein Anziehungspunkt für heiratswillige und sich Kinder wünschende Muslimas war (und ist) *Telli Baba* (Vater des Lamettas) bei Sarıyer am europäischen Ufer des Bosporus. Lametta-Fäden sind die üblichen Mitbringsel seiner Klientel.

Der osmanische Stadtplan

Betrachten wir die osmanische Hauptstadt in städtebaulicher Hinsicht, so stellen wir fest: Die Transformation, d. h. heißt die Umwandlung der ostchristlichen Kaiserstadt zur muslimischen Sultans- und Kalifenresidenz, war mit einer grundsätzlichen Änderung des Stadtbildes verbunden, und zwar einer Änderung, die sich auf den Aufriss wie auf ihren Grundriss erstreckte. Die Stadt erhielt eine neue Physiognomie, die sich von der vorhergehenden antiken und byzantinischen Form signifikant unterscheidet.

Die Akzentuierung des Stadtbildes durch Hochbauten ist ein architektonisches Element der antiken und byzantinischen Stadt (und ebenso der europäischen mittelalterlichen Stadt). Wenn wir aber den Grundriss des osmanischen Istanbul betrachten und ihn mit dem Plan des byzantinischen Konstantinopel vergleichen, stoßen wir auf ein überraschendes Phänomen: Es gibt nämlich keine Kontinuität der auf antiker Grundlage beruhenden byzantinischen Stadtanlage zur osmanischen Urbanität! Eine Lage-Kontinuität existiert lediglich im Bereich des Marktviertels. Der osmanische Basar, die gedeckten Markthallen, steht an derselben Stelle wie der byzantinische Makros Embolos und der Gewerbebereich zwischen Goldenem Horn und dem Forum Tauri, vermutlich aber nur wegen der Nähe zu den Häfen am Goldenen Horn, die dort schon aufgrund der naturgegebenen Lage weitergeführt wurden. Als Standplatz der Kriegsflotte entstand 1514 in einer nördlichen Bucht des Goldenen Horns der Galeerenhafen Tersana. Um seine Werften und Arsenale entwickelte sich ein geschäftiges Handwerker- und Gewerbeviertel.

Dieser Plan Konstantinopels im 16. Jahrhundert richtet sich nach den Angaben des Malers Gentile Bellini, der von 1479 bis 1481 im Dienst Sultan Mehmets II. stand. – Holzschnitt von Giovanni Andrea Vavassore, um 1540.

Ansonsten richteten sich die osmanischen Eroberer im Stadtgebiet ganz anders ein. Die Sultansresidenz und die Sultansmoscheen werden an anderen Orten hochgezogen als die byzantinischen Kaiserpaläste und Großkirchen. Die Kunstgeschichte geht davon aus, dass die unübersehbare Diskontinuität zur vorhergehenden Stadtanlage von den Osmanen bewusst herbeigeführt worden ist, um ihren Herrschaftsanspruch „bau-ideologisch" zu untermauern.

Orientalisches „Sackgassen-System"

Wir sollten aber auch berücksichtigen, dass die Osmanen 1453 in eine Stadt kamen, die ihre spätantike und oströmische Form bereits weitgehend eingebüßt hatte. Von der Mese, den Foren und dem regelmäßigen Straßennetz war damals, wie bereits erwähnt, nicht mehr viel zu erkennen.

Das alte Byzanz wurde folglich von einer neuen orientalischen Stadt überdeckt. Seine alte innerstädtische Infrastruktur änderte sich fundamental. Das regelmäßige byzantinische Torstraßennetz, das – von den sieben Toren der Landmauer aus strahlenförmig durch Plätze und Foren gegliedert – auf die Hagia Sophia zugelaufen war, ging nun vollends unter. Die großen Foren – vermutlich waren es nur noch Ödflächen – wurden überbaut, die Straßen anders geführt und selbst die alte Mese, die Verbindung vom Haupttor (Goldenes bzw. Adrianopler Tor) in die Innenstadt wurde umgeleitet und verlor sich in einem Gewirr von Gassen.

Neue städtebauliche Bezugspunkte waren nun die großen Moscheekomplexe auf dem Höhenrücken, die Külliyen. Auffallend ist, dass zwischen ihnen keine durchgehenden Straßenachsen verliefen. Diese Großbauten entwickelten sich zu Kristallisationspunkten, um die herum sich die neuen Viertel formten. Sie wuchsen (oder eher: wucherten) nur an den Rändern zusammen und waren durch keine Durchgangsstraßen verbunden.

Einen zentralen, öffentlich zugänglichen Stadtkern (wie etwa das byzantinische Hippodrom und der Paradeplatz vor der Hagia Sophia) finden wir im osmanischen Konstantinopel nicht. Die Großstadt Istanbul glich daher in den Augen westlicher Reisender bis ins 19. Jahrhundert einer Agglomeration von Kleinstädten, die religiös und ethnisch voneinander geschieden waren.

Personen ließen sich in Sänften tragen. Diese Transporteure bildeten eine wichtige Gilde. Außerhalb der Stadt war man hingegen in von Pferden oder Ochsen gezogenen Kutschen und Kaleschen unterwegs. Beliebt bei Großfamilien und ganzen Harems waren Ausfahrten nach Eyüp und zu den „süßen Wassern Europas" am Ende des Goldenen Horns. Zurück fuhr man mit illuminierten Ruderbooten.

Breite Magistralen und Plätze suchten europäische Besucher vergeblich, sie waren engen und winkeligen Gassen gewichen, die unvermittelt endeten. Nur die abschüssigen Wege waren mit grobem Pflaster versehen. Kutschen und Pferdekarren kamen hier nicht zum Einsatz. Kamele, Esel und Maultiere übernahmen den Transport, falls er sich für menschliche Lastenträger *(Hamal)*, die man überall mieten konnte, zu schwer erwies. Problemloser war der Verkehr zu Schiff. Zahlreiche *Kayıks* (Kaikis) hielten die Verbindung über das Goldene Horn und um die Serailspitze herum ins Marmara-Meer aufrecht.

Wir stellen also eine gewisse Irregularität des osmanischen Stadtplans fest. Die Regellosigkeit der Bebauung steht im deutlichen Gegensatz sowohl zum antiken und byzantinischen als auch zum abendländisch-europäischen Städtebau. Dessen Grundelemente sind ein geordnetes, durchgehendes Straßennetz, ein übersichtliches Rasterschema von Haupt-, Neben- und Verbindungsstraßen und -gassen. Mittelpunkte sind öffentliche Plätze (Marktplätze) und öffentliche Versammlungsorte wie Arena, Circus oder Theaterbauten.

All dies war in der osmanischen Stadt, wie im gesamten islamischen Bereich, unbekannt. Die orientalische Stadt beruht auf anderen Ordnungsprinzipien. Plakativ könnte man sagen, dass die historische Stadt im islamischen Bereich eigentlich nur ein großes Dorf mit Markt ist. Die Stadt wird nicht über Magistrat und Bürgerrecht definiert, sondern über ihre Funktion als Basar, als ständiger Markt. Straßen und Gassen haben in der orientalischen Stadt eine andere Funktion, sie dienen nicht als Durchgangsachsen oder Sammelstrecken, sondern als Zubringer. Sie sollen also nur den Zugang zu den Wohnstätten ermöglichen, nicht den Durchgang. Ortsfremde hatten hier nichts zu suchen.

Auf diese Weise entsteht ein verwinkeltes Sackgassen-System, das noch heute typisch ist für orientalische Altstädte. Obrigkeitliche Reglementierungen von Neu-, Um- oder Zubauten, wie sie in Europa wegen der Feuergefahr die Regel waren, bestanden hier nicht – sie waren erst eine Errungenschaft des europäischen Einflusses im 19. Jahrhundert. Die großen Durchgangsstraßen und Plätze im heutigen Stadtbild sind erst im 19. und 20. Jahrhundert rigoros durch die altosmanische Bebauung „geschlagen" worden.

Mahalle: Die Stadtquartiere

Wir beobachten im osmanischen Konstantinopel auch eine bestimmte innere Differenzierung. Grundsätzlich wurde der Bereich des Herrschers vom Volk geschieden. So entstand eine ummauerte, quasi topografisch und sozial abgehobene Palaststadt – das Topkapı Sarayı –, zu der die Öffentlichkeit nur eingeschränkt Zugang hatte. Dies galt, wie erwähnt, für den byzantinischen Kaiserpalast ebenso.

Unterschiedlich verlief jedoch die osmanische Quartiersbildung. Im Byzanz des 4. bis 13. Jahrhunderts gestalteten sich die Stadtteile religiös und nach Status sozial differenziert, d. h. die Stadt war in „bessere" und „schlechtere" Regionen untergeteilt, wo jeweils Arme und Reiche für sich und voneinander getrennt lebten.

In osmanischer Zeit gliederten sich die Wohnviertel *(mahalle)* hingegen nach Clans, Sippen und Familien, also gentil, nach der Herkunft und Verwandtschaft. Im Umkreis mächtiger Familien scharten sich abhängige Sippen, was eine soziale Durchmischung ermöglichte. Die gentile Ordnung zog zwangsläufig die konfessionelle Scheidung der Viertel mit sich, z. B. siedelten sich um armenische Sippen oder Klöster nur wieder christliche Armenier an. Die scharfe Trennung in Muslim-, Griechen-, Lateiner- und Judenviertel war demnach nicht nur das Ergebnis der Verordnung von oben, sondern auch die Folge des gentilen Zusammenwohnens. Von pittoresker Multikulturalität im modernen Sinn konnte übrigens überhaupt nicht die Rede sein, die Religionen und die Volks- bzw. Sprachgruppen schotteten sich nicht nur im Wohnbereich, sondern auch im täglichen Leben deutlich voneinander ab, lediglich im Wirtschaftsleben gab es Berührungen.

Basar und Bedesten

Eine spezielle Form der Profanarchitektur, welche die osmanische Stadt auszeichnete, war der *Basar*, der zentral gelegene ständige Markt mit festen Werkstätten und Läden (türk. auch

Im Teppich- und Kelim-Basar. – Stahlstich von Thomas Allom, 1842.

Çarşı genannt). Wohlgemerkt, Çarşı bedeutet somit nicht Marktplatz. Der Wochenmarkt *(Pazar)* für Vieh und landwirtschaftliche Produkte fand in der Regel nicht innerhalb der Stadt, sondern außerhalb der Landmauern statt. Fisch bekam man am Goldenen Horn, wo er (auch das gilt bis heute) aus den Fischerkähnen heraus verkauft wurde. Am Ufer zogen sich Garküchen hin. Sie dienten auch der täglichen Versorgung der Haushalte, da eigene Küchen in den Holzhäusern selten waren. Geräumige Galeonen aus Ägypten und von der Schwarzmeerküste lieferten Getreide und Korn an.

Der Basar hingegen bildete ein eigenes Laden- und Werkstatt-Quartier; charakteristisch ist seine deutliche Trennung von den umliegenden Wohnvierteln. Im Kern des Basars befand sich der *Bedesten,* ein architektonisch herausgehobener, überkuppelter und durch Tore abschließbarer Bereich, in dem die Pretiosen (Schmuck, Seide, Damast, Atlas und Brokat) präsentiert wurden. Hier befanden sich in der Regel auch die zentrale Wasserversorgung des Basars und eine Moschee.

Eine hauptstädtische Besonderheit Istanbuls ist der *Kapalı Çarşı*, d. h. der überdachte, gedeckte Basar, der an der Stelle des byzantinischen *Makros Embolos* und des *Artopolion* (Brotmarkt) im 15./16. Jahrhundert errichtet wurde. Seine heutige Anlage geht auf den Wiederaufbau nach einem verheerenden Brand 1701 zurück. Er nimmt eine geschlossene Fläche von 31 Hektar ein und umfasst zwei überkuppelte Bedesten-Hallen sowie 3000 Läden in 61 Gassen. Die überwölbten Ladengassen folgen dem übersichtlichen rechtwinkeligen Grundplan und sind durch 18 Tore betretbar. Die Verkaufsgewölbe sind annähernd gleichflächig und reihen sich in gerader Strecke aneinander. Wie überall im Orient (und wie früher auch in Mitteleuropa) folgt man dem Prinzip der Branchensortierung. Die Waren werden nach Zünften geordnet angeboten, wobei lärm- und geruchsintensive Betriebe ihren Platz am Rand finden – die Grobschmiede, Färber und Lederer.

Vielfältiges Warenangebot

Das in seiner Vielfalt verwirrende Warenangebot hat sich gegenüber demjenigen der byzantinischen Glanzzeit im 11. und 12. Jahrhundert kaum verändert. Man bekam (wie heute noch) alles – von einfachen Haushaltswaren bis hin zu teuersten Luxusgütern. Begehrt bei Ausländern waren Teppiche, Kelims, Tabakspfeifen und griechische wie orientalische Handschriften. Im 16. Jahrhundert setzte ein kurioser Reliquienschacher aus dem Orient in die katholischen Länder ein. Tulpenzwiebeln wurden gar mit Gold aufgewogen. Sesam galt als Aphrodisiakum, Opium als Schmerzmittel. Für heutiges Empfinden mag auch ägyptisches Mumien-Pulver skurril klingen, das im Abendland als Heilmittel Verwendung fand.

Aus dem Westen kam Schurwolle, aus Russland kamen Pelze. Abendländische Schusswaffen unterlagen zwar dem allerchristlichsten Ausfuhrverbot, gelangten aber über Venedig und Ragusa (Dubrovnik) trotzdem in die Hände der Muslime. Luxuserzeugnisse wie venezianische Spiegel, Kristalllüster, Uhrwerke und Globen wurden direkt in das Serail geliefert.

Han und Kervansaray

Um den Basar gruppieren sich mehrere Gebäude, die als *Han* bezeichnet werden, was ursprünglich Haus im Sinne von Unterkunft oder Gasthaus bedeutet. Auf den Überlandstraßen im osmanischen Anatolien und auf dem Balkan wurden gemauerte Herbergen für Kaufleute, Pilger und Truppen im Abstand von Tagesetappen errichtet. Größere Hane, die befestigt und mit einer Moschee ausgestattet waren, wurden *Kervansaray* genannt. Der Name deutet darauf hin, dass ihre Stallungen ganze Karawanen aufzunehmen vermochten.

Der Große Gedeckte Basar beherbergt noch heute rund 4000 Geschäfte mit den verschiedensten Angeboten.

Die städtischen Hane erfüllten ebenso die Funktion der Beherbergung, dienten darüber hinaus aber auch als Gewerbebetriebe und Lagerhallen, und zwar jeweils ausschließlich für eine Gilde. Ihr baulicher Grundtypus besteht aus einem Geviert um einen Innenhof mit Brunnen und optional einer kleinen Moschee *(Mescit)*. Im Untergeschoss befanden sich Ställe und Stapelräume. Die Obergeschosse bargen beheizbare Aufenthalts- und Schlafräume, meist hinter Arkadengängen gelegen.

Das am besten erhaltene Bauwerk dieser Art ist in Istanbul der *Valide Han* aus der Mitte des 17. Jahrhunderts, inmitten der Gewerbezone zwischen Goldenem Horn und Basar gelegen. Der Haupthof bildet ein strenges Quadrat, umgeben von Laubengängen in zwei Stockwerken. Dieser Han war den Webern und Tuchmachern vorbehalten. Als Stiftung der Sultansmutter *(Valide)* Kösem Mahpeyker, der Mutter Murats IV. (reg. 1623–1640), erfreute er sich höchsten Ansehens.

Lukrative Sklavenmärkte

Hohe Gewinne warf der Sklavenhandel ab. Christliche Kriegsgefangene konnten sich in der Regel freikaufen oder austauschen lassen, mussten aber erst – für etwa vier Jahre – Sklavenarbeit auf Rudergaleeren, in Werften oder auf Baustellen leisten. Den Freikauf bewerkstelligten katholische Mönchsorden. Muslime durften nicht auf Sklavenmärkten angeboten werden, gerieten aber manchmal infolge von Verschuldung oder Selbstverkauf in sklavenähnliche Abhängigkeiten. Reine Arbeitssklaverei war selten. Schwarzafrikanische Sklaven fanden in den Häusern der Reichen als Diener und Aufwärter Verwendung (wie auch im Abendland). Der Istanbuler Sklavenmarkt spielte sich um die Konstantinssäule *(Çemberlitaş)* ab. Erst 1854 wird der Sklavenhandel verboten werden (in den USA übrigens erst 1865).

Bei Kriegern und Söldnern war mitunter die Grenze zur persönlichen Freiheit fließend. *Kul* – der türkische Begriff für Dienstmann (im Westen meist als „Sklave" übersetzt) – war im Sinne von „im Dienst des Sultans oder eines Mächtigen" eindeutig positiv besetzt. Höchster Beliebtheit erfreuten sich Sklavinnen aus Russland, der Ukraine und dem Kaukasus, die auf den jährlichen Feldzügen der Krimtataren geraubt wurden. Ihr Schicksal in den Harems der Wohlhabenden muss nicht immer bedauernswert gewesen sein.

Auch der „Ägyptische Basar" *(Mısır Çarşısı)*, der direkt auf dem Ufersaum des Haliç gelegen ist, wird durch Kuppeln abgedeckt. Sein Bau und sein Unterhalt wurden durch Steuereinnahmen aus Ägypten finanziert. Offeriert werden und wurden hier Gewürze in allen Farben und Formen, Henna, Zucker und Kaffee (Mokka) aus Äthiopien und dem Jemen, dazu Singvögel und Schilfmatten aus ägyptischem Papyros.

Sämtliche Zünfte und Berufsgruppen, die im Marktbereich und seinen Werkstätten, in den Bedesten und Hans arbeiteten, waren durch spezielle Kleidung und besondere Kopfbedeckungen gekennzeichnet.

Stadt der 400 Dampfbäder

Ein wichtiges Bauwerk, das in keiner osmanischen Mahalle fehlen durfte, ist das öffentliche *Hamam*, die Badeanstalt, die schon im Zusammenhang mit der Külliye genannt wurde. Die Reinigung des Körpers gilt im Islam als religiöses Gebot, dessen Ritual und Häufigkeit fest vorgeschrieben ist. Hamams finden sich daher vielfach in der Nähe von Gebetsplätzen und Moscheen. Die Stiftung eines Bades wurde als gleichwertig fromme Tat angesehen wie die Stiftung einer Moschee oder einer Medrese. Um die 400 Dampfbäder verteilten sich über das ganze Stadtgebiet. Der größte Teil von ihnen war von überraschender Kleinräumigkeit.

Ort der inneren Reinigung

Die asiatischen und orientalischen Kulturen gehen von der Idee der inneren Reinigung aus. Ihre Bäder sind demnach als Schwitzbäder gestaltet. Nach dem Koran ist nur das fließende Wasser reinigend. Bassins und Schwimmbecken waren daher ausdrücklich verpönt – ein deutlicher Unterschied zum römischen Bad und ein Zeichen dafür, dass das Hamam nicht von antiken Vorbildern abgeleitet werden kann.

Die Anordnung der Räume und die äußere Bauform des türkischen Bades sind im Wesentlichen vom 14. bis ins 19. Jahrhundert gleich geblieben, nämlich drei ineinandergehende Kuben, die nur von oben durch Glasbausteine in den Kuppeln Licht empfangen. Von der Empfangshalle (Aus- und Ankleide-, Ruheraum) betritt man den etwas mehr erwärmten Waschraum (Abtritte, Wasserhähne), und von dort das eigentliche heiße Schwitzbad mit warmen und kalten Waschbrunnen, umlaufender Sitzbank und Massagetischen. Die Hitze kommt durch Fußbodenheizung und zirkulierende Warmluft zustande. Die Feuerstelle mit Heizkessel ist unmittelbar an den dritten Raum angebaut.

In der zeitgenössischen westlichen Literatur wird die soziale Funktion der über das ganze Stadtgebiet verstreuten Bäder immer besonders betont. Sie seien gesellige Treffpunkte gewesen, Informationszentren und Klatschbörsen. Doch darf die Funktion der engen türkischen Dampfbäder nicht mit der gesellschaftlichen Rolle der großen und aufwändig gebauten, an zentralen Plätzen gelegenen Thermen der römischen und frühbyzantinischen Zeit gleichgesetzt werden, in denen die Bürger sich wirklich „versammeln" und stundenlang aufhalten konnten. Auch von urbaner Öffentlichkeit kann bei den Hamams nur eingeschränkt die Rede sein, da sie in der Regel nur den Bewohnern eines Stadtteils – einer *Mahalle* – zugutekamen.

Gewöhnliche Hamams waren je nach Wochentag entweder für Frauen oder für Männer geöffnet, doch große Badeanlagen waren als doppelte Einrichtungen für beide Geschlechter gestaltet und manchmal spiegelbildlich angeordnet. Ein Beispiel dafür ist das *Haseki Hürrem Hamamı*, ein zweifacher Kuppelbau des Baumeisters Sinan von 1556, der als repräsentatives Zwillingsbad gegenüber der Aya Sofya errichtet worden ist. Gestiftet wurde das Bad von Hürrem, der Gattin Süleymans des Prächtigen. Hürrem Sultan (um 1500–1558) war eine gebürtige Russin und im Westen als Roxelane bekannt.

Wohnhäuser aus Holz: Konak

Die Wohnbauten der Bevölkerung Istanbuls, und zwar auch die der reicheren Stände, waren überwiegend aus Holz errichtet und gingen selten über zwei Stockwerke hinaus. Bemerkenswert war die hohe Dichte der Bebauung, die durch das enge

Sackgassensystem ermöglicht wurde. Im Gegensatz zum vorhergehenden byzantinischen wie auch zum zeitgenössischen europäischen Wohnbau finden wir keine Patrizierhäuser, keine aufragenden Wohntürme, keine Stadtpalazzi, ja nicht einmal private Steinhäuser.

Die osmanischen Holzbauten wirkten eher unscheinbar, ohne üppige Schmuckformen, und waren – wie bereits erwähnt – regellos aneinandergebaut. Im Inneren folgten sie der allgemeinen orientalischen Trennung in einen Privatraum *(Haramlık)* und den der Öffentlichkeit zugewandten Bereich *(Selamlik)*. Diese *Konak* genannten, zumeist verputzten Holz- oder Fachwerkbauten sind zwar im Inneren reicher ausgestattet, erreichen aber niemals den augenfälligen Prunk zeitgenössischer reicher Bürgerbauten in der europäischen Stadt – obgleich, und das muss betont werden, die Mittel, wie auch die handwerklichen und technischen Fähigkeiten dazu durchaus vorhanden gewesen wären!

Der Grund für diese geradezu bewusste Bescheidenheit ist also anderswo zu suchen: zum Ersten in der Erdbebengefahr. In Istanbul war und ist sie real! 1509 erschütterte ein kombiniertes Erd- und Seebeben das ganze östliche Mittelmeer. Jede Generation hat zumindest einen Erdstoß erfahren, der Minarette und Steinmauern zusammenbrechen ließ. Hölzerne Häuser hingegen erwiesen sich als relativ unempfindlich und im Ernstfall schnell wiederaufzubauen. Darüber hinaus finden wir einen weiteren Grund in den Bestimmungen der Religion: Der Islam erlaubt Monumentalität und Repräsentation nur im sakralen Bereich – und auch dann nur in Verbindung mit Wohltätigkeit. Ein Grundprinzip des islamischen Erlösungsglaubens ist *die Vergänglichkeit allen Irdischen*. Das menschliche Wohnen darf daher keinen Ewigkeitsanspruch erheben und orientiert sich aufgrund dessen am Konzept des „Provisorischen", des Vorläufigen – was unter Umständen auch der ursprünglich nomadischen Kultur der Türken entgegenkam.

Istanbuls Holzbebauung wurde von zahlreichen Stadtbränden heimgesucht. Irgendwo stiegen immer Rauchsäulen in die Luft. Kleinere Brände, die nur einzelne Häuserzeilen verzehr-

Die osmanische Stadt bestand aus einer dichten Bebauung mit hölzernen Konaks (Wohnhäusern) – im Bild die Aya Sofya Villen hinter der Hagia Sophia im alten Stadtteil Sultanahmet.

ten, wurden von den Stadtchronisten gar nicht eigens erwähnt. Auslöser waren meist die glühenden Kohlebecken *(Mangal),* die in der kälteren Jahreszeit in den Wohnräumen aufgestellt und angefacht wurden. Auch von Wasser- und Tabakspfeifen ging Gefahr aus: 1633 legte eine Feuersbrunst ganze Stadtviertel in Schutt und Asche. Sultan Murat, der dies als göttliche Strafe für ausschweifenden Tabakgenuss sah, ließ daher das Rauchen („Tabak-Trinken") bei Todesstrafe verbieten. Ein großherrliches Feuerwerk hinterließ 1679 ebenso ausgebrannte Ruinenflächen; 1755 und 1756 wüteten kurz hintereinander verheerende Großfeuer. 1782 soll zum ersten Mal eine Feuerwehr zum Einsatz gekommen sein.

Holzvillen am Bosporus: Yalı

In den langen Friedenszeiten Istanbuls, die immerhin von 1453 bis in die Mitte des 19. Jahrhunderts reichten, wurden am idyllischen Ufersaum des Bosporus Anlegeplätze für Bootspartien *(İskele,* von ital. scala, Treppe) und Sommervillen angelegt. Reiche Familien leisteten sich den Luxus einer Sommerresidenz direkt am Meer. Jede Strandvilla hatte ihre eigene Zugangstreppe zum Wasser. Noch bis in die Mitte des vergangenen Jahrhunderts waren die gesamten Ufer gesäumt von aufwändig gestalteten hölzernen Villen, in denen die Istanbuler die heißen Monate verbrachten. Der Name dieser Vollholzbauten ist *Yalı,* abgeleitet vom griechischen *Aigialos* (Ufer). Auch europäische Botschafter bezogen im Sommer eigene Yalı am Strand.

Einzigartige Holzbaukunst

Der in den 1980er-Jahren neu angelegten Küstenmagistrale entlang des europäischen Bosporus-Ufers sind viele dieser malerischen Bauensembles zum Opfer gefallen. In Arnavutköy (Albanerdorf) haben sich hinter der Pontonstraße noch einige erhalten. Auf der asiatischen Seite in Kanlıca steht ein Vollholzbau aus der Zeit um 1700, dessen Erbauer die berühmte Wesir-Familie der Köprülü war *(Köprülü yalısı).* Gegenwärtig werden ganze Ensembles dieser Holzbauten restauriert (leider aber in Betonbauweise und lediglich mit Holzverkleidung) und neu eingerichtet. Sie geben damit dem Bosporus wieder eine kleine Note seiner früheren Majestät zurück. Zu Zeiten des Sultans durften die Anhöhen des Bosporus übrigens nicht bebaut werden. Man bemüht sich aber heute immerhin, die Bosporusufer durch Parkanlagen wieder grün zu gestalten.

Ein Palast, keine Festung

Ein weiteres Merkmal der osmanischen Stadtarchitektur war das Fehlen von Befestigungen. Dass die byzantinischen Stadtmauern Feuerwaffen keinen Widerstand mehr entgegenzusetzen vermochten, war seit 1453 klar – nachdem türkische Pulvergeschütze breite Breschen in die alten Mauern geschlagen hatten. Trotzdem fehlten neuzeitliche Fortifikationen, wie sie im Abendland zur Einschüchterung der Untertanen und potenzieller Feinde in massiven Bastionen um die Städte und die Residenzen gelegt wurden. Der gezinnten Palastmauer um das Serail kam keine ernst zu nehmende Festungsfunktion zu. Sie diente lediglich der Abgrenzung des Palastbezirks.

Es ist bezeichnend für das Selbst- und Sendungsbewusstsein der osmanischen Sultansherrschaft, dass an eine befestigungstechnische Sicherung der Hauptstadt gar nicht gedacht wurde. Die alte byzantinische Landmauer diente als Steinbruch. Istanbul war eine „offene Stadt", die neuzeitlicher Artillerie schutzlos ausgeliefert gewesen wäre. Man glaubte durch die bis ins 17. Jahrhundert jährlich fortgeführte territoriale Expansion die Hauptstadt hinreichend geschützt zu haben.

In der Tat ist es 400 Jahre lang keinem Feind gelungen, in Istanbul Fuß zu fassen. Die kühnen Vorstöße der Kosaken, die auf kleinen Ruderschiffen (Tschaiken) das Schwarze Meer überquerten und 1614, 1624 und 1626 die Umgebung der Sultansstadt ausraubten, waren letztlich nicht mehr als Nadelstiche. Erheblich brisanter war die Situation 1654 und 1657, als starke Seegeschwader der Venezianer und Malteser versuchten, die Dardanellen zu durchbrechen, um ins Marmara-Meer mit dem erklärten Ziel einzulaufen, Konstantinopel unter Feuer zu nehmen – vergeblich. Nach der schweren osmanischen Niederlage vor Wien 1683 eiferten zwar die siegreichen Österreicher, Bayern und Sachsen, die *Victorie der christlichen Waffen gen Constantinopolim zu poussieren*, doch endete ihr Vormarsch vorerst in Belgrad. Der Nimbus der Unbesiegbarkeit der Osmanen war allerdings dahin. Noch 200 Jahre, bis 1878 sollte es dauern, bis ein feindliches Heer – es war die russische Armee – im Vorfeld Istanbuls aufmarschierte.

Im Herzen des Osmanischen Reiches: Topkapı Sarayı

Auf dem äußersten Sporn der Istanbuler Halbinsel, zwischen Goldenem Horn und Marmara-Meer erbauten sich die Sultane seit 1468 ihre neue Residenz (türk. *Saray*, dt. Serail, ital. Seraglio). Der Beiname Topkapı bedeutet eigentlich „Kanonentor" und bezieht sich auf ein heute verschwundenes Portal an der Serailspitze, das von zwei Kanonen flankiert war. Das sollte aber nicht dazu verleiten, im Topkapı Sarayı eine Fes-

Topkapı-Sarayı, der Bibliotheks-Köşk Sultan Ahmets III. mit breiten Flügeltreppen, erbaut 1718.

116

tung zu sehen, denn das Saray war lediglich eine Ansammlung verspielter herrschaftlicher großer und kleiner Bauten inmitten grüner Parks, die von Zypressen und Platanen beschattet werden. Brunnen und Wasserläufe plätscherten hier, Pfaue und zahme Gazellen stolzierten umher.

Auch im neuen Saray wurden erst im Laufe der Jahrhunderte die ursprünglichen Holz- und Fachwerkbauten aus Lehmziegeln durch massive Steinkonstruktionen ersetzt. Jedoch überschreiten auch diese Gebäulichkeiten niemals die Zweistöckigkeit, sondern sind in der Mehrzahl einstöckig oder ebenerdig. Der so genannte Turm der Gerechtigkeit, der als einziges Bauwerk mit seinem achteckigen Kegeldach 41 Meter über die Dächer des Saray emporragt, ist erst um 1820 auf die heutige Höhe aufgestockt worden.

Nur in ihren flächenmäßigen Proportionen und in der aufwändigeren Innenausstattung (Fliesenwände, Teppiche) unterschieden sich die Baulichkeiten des Palastes von den Konaks in der Stadt. Der Eindruck des Zweckbaus überwog. Im Gegensatz zu den zeitgenössischen monumentalen Schloss- und Residenzbauten Europas vom 15. bis ins 18. Jahrhundert wirkte das architektonische Topkapı-Ensemble eher bescheiden!

Was den Palast der osmanischen Herrscher also wirklich aus dem Stadtbild heraushebt, ist seine unvergleichliche Lage auf der äußersten Landspitze, d. h. an der Stelle der antiken Akropolis. Das Saray wirkt nicht aufgrund aufwändiger Architektur, sondern aufgrund seiner topografischen Situation dominierend. Auch hier muss wieder darauf hingewiesen werden, dass für die relative Anspruchslosigkeit der osmanischen Palastarchitektur nicht technisches Unvermögen verantwortlich ist, sondern die vom europäischen Denken verschiedene Auffassung des herrschaftlichen Repräsentierens: Die Macht des Sultans reflektiert sich in der Herrschaftsarchitektur der Külliye, nicht in Palästen oder Festungsbauten.

Während man bei der Anlage der Külliyen auf axiale Regelmäßigkeit achtete, kommt dieses Prinzip bei der Anordnung der Baugruppen, Höfe, Gärten und Tore auf dem Areal des Topkapı Sarayı nicht zur Geltung. Die „Regellosigkeit" der Topkapı-Anlage ist eine Folge der langen zeitlichen Abfolge der

Erweiterungen, Anbauten und Umbauten, die sich vom 15. bis ins frühe 19. Jahrhundert erstreckt haben. Europäern drängte sich der Eindruck eines „Stein gewordenen Zeltlagers" auf. Der kaiserliche Legat Salomon Schweigger bemerkte anlässlich seines Besuches 1577: *Die Gepäu stehn überzwerch, krumb und schräg durcheinander als wie sie aus einem Sacke ohngefähr gefallen wären.* Aber diese „Irregularität" folgte auch einem gewissen Prinzip, welches der preußische Diplomat und Heeresinstrukteur General Helmut von Moltke 1837 bemerkte: *Im Serai von Konstantinopel sucht man unter lauter Kiosken vergeblich nach dem eigentlichen Hauptgebäude.* Hier stoßen wir auf den Begriff Kiosk, türk. *Köşk,* womit man einen kleinräumigen frei stehenden Pavillon bezeichnet.

Jeder Herrscher fügte der Topkapı-Anlage ein neues Gebäude, einen neuen Trakt hinzu und so entstand über 400 Jahre hinweg ein weitläufiges Konglomerat von Palästen und kleineren Repräsentationsbauten, den oben genannten Köschks (Köşk), von denen sich unser Wort Kiosk ableitet. Was in der europäischen Residenz in einem – wie es Moltke ausdrückt – „Hauptgebäude" zusammengefasst ist, spaltet sich in der osmanischen Palastanlage in eine Mehrzahl derartiger kleiner Bauten inmitten eines Parks oder Gartens auf. Die frei stehenden, durch raffinierte Mechanismen der Jahreszeit anpassbaren Köschks unter ausladenden, Schatten spendenden Platanen erinnerten europäische Reisende an Zelte, wenn auch in aufwändigerer Form. Sie dienten verschiedenen Zwecken: So gibt es einen Audienz- und einen Ratsaal-Kiosk sowie mehrere Ruhe- und Aussichts-Kioske, alle inmitten gepflegter Gärten gelegen.

Der erste Hof des Saray war allgemein zugänglich, allerdings unter dem Gebot der absoluten Stille. Man betrat ihn durch das „Tor des Weltenherrschers" *(Bab-ı Hümayun).* Der zweite Hof, den man durch das „Tor des Friedens" *(Bab-ı Selam)* erreichte, war dienstlichen Angelegenheiten vorbehalten; hier befanden sich Sekretariate, Kanzleien und das Gericht sowie der Divan. Jeder Untertan, gleich welcher Religion, konnte hier Eingaben und Beschwerden vorbringen. Im Divan tagte der Staatsrat, dem der Großwesir vorstand.

118

Osmanische Küche

In den Küchentrakten mit ihren charakteristischen 10 Kaminpaaren wurden Mahlzeiten für die 5000 Bediensteten des Saray und für den Harem zubereitet. Die Küchenbrigade soll allein schon 900 Mann umfasst haben. Zur Verwertung kam Fleisch von Schafen, Hammeln und Lämmern, Enten und Tauben. Dazu wurden Reis und Kichererbsen gereicht. Zu Trinken gab es Zuckerwasser, Zimt- oder Rosenwasser. Die Speisen des Sultans wurden in einem eigenen Küchen-Köşk zubereitet. Zu seinen Privilegien gehörte der Genuss von eisgekühltem Sorbet. Dazu wurde im Winter Eis in Gruben gesammelt und durch Strohmatten abgedeckt.

Den dritten Hof, zu erreichen durch das „Tor der Glückseligkeit" *(Bab-ı Saadet)*, durften nur geladene Gäste betreten, zumeist Diplomaten und Vertreter ausländischer Mächte, bevor sie in den Audienzsaal vorgelassen wurden. Der von Arkaden gesäumte Innenhof wird von den Trakten der Palastschule umgeben, wo Pagen, Janitscharen und Regierungsdiener ausgebildet wurden. Weiter befinden sich hier die sultanische Schatzkammer, die Bibliothek und der Aufbewahrungsort für Reliquien. Der Eroberersultan Selim hatte aus Ägypten den „grünen Mantel und die Standarte des Propheten" mitgebracht, die das Saray in den Augen der Muslime zu einem „Heiligen Ort" machten.

Geheimnisse des Harems?

Der dritte Hof gewährte den Zugang zum sultanischen Harem, wobei der Eingang zum „Reich der Frauen" den Blicken verborgen blieb. Die Privatgemächer des Sultans, seiner Frauen und der weiblichen Angehörigen der Sultansfamilie bildeten einen eigenen abgeschlossenen Saray innerhalb der Gesamtanlage, ein in sich verschachteltes Gewirr von Hallen, Innenhöfen, Gemächern und Bädern.

Bis zu 1000 Menschen lebten hier in 400 Räumlichkeiten: die vier sultanischen Ehefrauen sowie eine hohe Anzahl von Nebenfrauen und Konkubinen aller Altersstufen – alle beherrscht von der Sultansmutter. Dazu kamen noch die weibliche Dienerschaft sowie weiße und schwarze Eunuchen als Wächter.

Herrscherthron im sultanischen Harem im Topkapı-Sarayı.

Der vierte und innerste Hof, eigentlich eine weite Terrasse, war nur dem Sultan und seinen engsten Vertrauten vorbehalten. Die Tulpen, die auch heute hier wieder wachsen, gehörten dem Herrscher persönlich und wurden wie ein Staatsgeheimnis gehütet. Erst im 17. Jahrhundert soll es holländischen Gesandten gelungen sein, Tulpenzwiebeln nach Europa zu schmuggeln.

Sultanische Weltenschau: Cihannüma

In diesem vierten Areal auf der höchsten und äußersten Saray-Spitze befinden sich die drei schönsten Pavillons, alle aus dem 17. Jahrhundert stammend: der Kara-Mustafa-Köşk, Revan-

120

Köşk und Bağdad-Köşk. Sie sind für osmanische Verhältnisse innen wie außen sehr aufwändig und dekorativ gestaltet. Ihre Lage und Bauweise folgt dem im islamischen Orient verbreiteten „Weltenschau-Konzept" *(Cihannüma)*, das man bei uns etwas weniger lyrisch als „gute Aussicht" oder „Belvedere" bezeichnet.

Höhepunkt der gesamten Anlage ist eine mit einem vergoldeten Baldachin überdachte Aussichtsplattform. Dieser exklusive Platz symbolisiert sozusagen das Herz des alten Osmanischen Reiches. Hier saß der Sultan und gab sich der „Weltenschau", d. h. heißt der Kontemplation und der Versenkung, hin. Die Exklusivität dieser einmaligen Cihannüma war ein Privileg, das den Herrscher hoch über die Untertanen emporhob, gleichermaßen symbolisch wie real: Der Blick reichte über Konstantinopel und das Goldene Horn. Galeeren, Galeonen und Maonen, die aus Alexandria, Tunis oder Algier einliefen, schossen jeweils in Sichtweite der Serail-Spitze Salut, konnten jedoch nicht sicher sein, dass der Padischah herabzublicken geruhte.

Neben der sultanischen Familie stand nur den höchsten Würdenträgern des Reiches, den Wesiren, Heerführern *(Ağas)* und Admiralen, der Bau von steinernen Palästen zu. Ein Beispiel ist das 1524 eingeweihte Ibrahim-Pascha-Saray, das auf den Stufen des alten Hippodroms *(At Meydanı)* errichtet wurde. Ibrahim bekleidete von 1523 bis 1536 das höchste Staatsamt und bekam Hatice, eine Schwester Sultan Süleymans, zur Frau. Wie viele seines Standes war er in der Gunst des Sultans rasch emporgestiegen, fiel aber ebenso schnell wieder herab und wurde 1536 auf sultanischen Geheimbefehl erwürgt. Sein Palais diente weiterhin als Amtsitz des Großwesirs und als Empfangssaal für auswärtige Botschafter. In dem um vier Innenhöfe gruppierten Baukomplex ist seit 1983 das Museum für türkische und islamische Kunst untergebracht.

Stadt zwischen Morgen- und Abendland (17.–19. Jahrhundert)

Die Hohe Pforte im europäischen Bündnissystem

Noch bis Mitte des 17. Jahrhunderts expandierte das Osmanische Reich in alle Himmelsrichtungen. Von den Vasallenstaaten flossen reichliche Tribute und Abgaben in die „Stadt der Glückseligkeit" und neu eroberte Christengebiete hatten die ihnen auferlegten Sondersteuern zu zahlen. Wertvolle „Ehrengeschenke" aus Wien, Venedig, Paris und Warschau wurden huldvoll entgegengenommen. Die theatralischen Ankündigungen abendländischer Potentaten, Konstantinopel zurückzuerobern und den *Großtürken zurück nach Asien zu treiben*, beeindruckten die Padischahs im Topkapı Sarayı noch wenig.

Vor dem ersten Tor zum Palast befand sich seit dem späten 17. Jahrhundert der Amtssitz des Großwesirs. Sein Eingang war die legendäre Hohe Pforte *(Bab-ı Ali)*, ein von einem ausladenden Baldachin überwölbter Durchlass. Bei den türkischen Völkern galt die Pforte oder Schwelle seit jeher als Synonym für Haus oder Palast. Vor der Hohen Pforte in Istanbul hatten die ausländischen Gesandten zu warten, bis sie zu Empfangszeremonien und Audienzen vorgelassen wurden. So bürgerte sich der Begriff Hohe Pforte (in der französischen Diplomatensprache: *La Haute Porte*) als Gesamtbezeichnung für die osmanische Regierung ein. Man schloss Verträge mit ihr oder begab sich auf Staatsbesuch zur „Pforte".

Schickten Großmächte Diplomaten zur Hohen Pforte, hatten sie sich an ein kompliziertes Regelwerk zu halten, wurden aber immerhin zum Sultan und dem Divan vorgelassen. Mitunter glich dies einem Erlebnis der besonderen Art: *Er* (Sultan Murat III.) *saß auf einer niederen Bühne, als wär er entschlafen oder sei ein geschnitztes Bild, ohn alle Red, ohn Umsehen, ohn alle lebendige Gebärde, wie ein Götz*, berichtete 1577 der Gesandte Salomon Schweigger dem Kaiserhof in Wien.

Die Gesandten kleinerer Mächte hingegen hatten Tage, ja Wochen ehrerbietig zu warten und saßen buchstäblich vor der Hohen Pforte herum, bis sie zur Audienz bei einem nachrangigen Pascha hereingewunken wurden.

Seit dem Bündnis, das der allerchristlichste König Franz I. von Frankreich 1536 mit den Osmanen gegen die österreichischen Habsburger geschlossen hatte, gehörte das Osmanische Reich zur europäischen Mächtekonstellation. Die Sultane waren gefragte Bündnispartner. 1583 folgte ein englischer Botschafter vor Ort. Im Verlaufe des 16. Jahrhunderts wurden mehrere Verträge mit dem österreichischen Habsburgerreich geschlossen. Nach dem missglückten osmanischen Angriff auf die Kaiserstadt Wien 1683 einigten sich die Habsburger und die Osmanen in wichtigen Friedensschlüssen auf die Donaugrenze.

Diplomaten, die im Auftrag des römisch-deutschen Kaisers an die Pforte geschickt wurden, haben uns ausführliche Beschreibungen der „Türckischen Hauptstadt" hinterlassen. Wichtige Gewährsmänner waren Hans Dernschwamm, der 1553 nach Istanbul kam, und der bereits genannte Salomon Schweigger, dessen Aufenthalt von 1577 bis 1581 dauerte. Ihre Eindrücke waren gemischt; so fanden sie Verfall und Pracht, Barbarei und Gastfreundschaft sowie Despotie und Duldung eng beieinander. Ihre Herberge war der gemauerte *Nemci Han*, das „Teutsche Haus" am ehemaligen Konstantinsforum, wo die Osmanen den *Tavuk Pazarı* (Hühnermarkt) abhielten. Immerhin verfügte die kleine deutsche Kolonie über einen Weinkeller und eine Kegelbahn „zur Kurtzweil".

Niedergang des Orienthandels

Mitte des 17. Jahrhunderts breitete sich im gesamten Mittelmeerraum eine wirtschaftliche Stagnation aus. Das hing mit der Verlagerung der großen Welthandelsströme zusammen, die infolge der Entdeckung der „Neuen Welten" durch Portugal und Spanien erfolgt war. Den Anfang hatte die Umrundung Afrikas durch die Portugiesen gemacht. Seit 1500 gestaltete sich der

Seetransport von Indien erheblich günstiger als der alte Karawanenweg über Zentralasien, und mit der Erschließung Amerikas führten die großen Handelsrouten über Atlantik und Pazifik. Gold, Seide, Gewürze und Sklaven, die früher in Istanbul umgeschlagen wurden, kamen über die Weltmeere schneller und billiger ans Ziel. Davon profitierten die neuen Seemächte: zuerst Spanien, dann die Niederlande und England.

Der Orient- und Levantehandel übers Mittelmeer verlor somit erheblich an Wert und büßte gerade seine wertvollen Güter ein. Dies erklärt unter anderem den Niedergang des Osmanischen Reiches im 18. Jahrhundert.

Intrigen im Palast

Der machtpolitische Rückzug wurde von den Herrschern im Topkapı Sarayı weitgehend ignoriert, zumal die Sultane des 17. bis zum Beginn des 19. Jahrhunderts ein ausgesprochen schwaches Bild abgaben. Über die damals im Westen kursierende Diagnose, die ehemaligen Weltenherrscher seien *im Haremsleben erschlafft*, mag man heute lächeln, aber einen gewissen Wahrheitsgehalt können wir ihr vermutlich nicht absprechen. Auch die Feststellung, es habe sich um eine Epoche der „Weiberherrschaft" gehandelt, in der Sultansmütter und Favoritinnen das Regiment führten, trifft in gewissem Maße zu. Die eigentliche Staatsführung übernahmen indessen ehrgeizige Wesire oder die *Ağas* (Kommandanten) der Janitscharen.

Das Leben der Sultane war dabei nicht ungefährdet. Der junge Osman II. wurde 1622 in Yedikule erdrosselt, Deli İbrahim („Ibrahim, der Verrückte") 1648 ebenso; als schwere Trinker starben Selim II. 1574 und Murat IV. 1640; Mehmet IV. setzten die Janitscharen 1693 gewaltsam ab; dieses Schicksal traf auch Mustafa II. 1703; Ahmet III. wurde 1730 unter Drohungen zur Abdankung gezwungen, genauso Selim III. im Jahr 1808; und Mustafa IV. verlor trotz Abdankung sein Leben im gleichen Jahr.

Verantwortlich dafür waren die Janitscharen, die ehemalige Elitetruppe der Osmanen. Ihre Ağas residierten inmitten des

124

Sultanspalastes und 51 Korps waren über die ganze Stadt verteilt. Zunächst machten sie ihrem Namen *Yeni Çeri* („neuartige Truppe") alle Ehre. Doch aus den vormaligen kasernierten Elitekriegern war ein undisziplinierter Haufen geworden, der sich obskuren Sekten anschloss und alle „Neuerungen" verteufelte. Ihre Palastrevolten erschütterten die Regierungszeit nahezu jedes Sultans des 17. und 18. Jahrhunderts. Entschlossen sich die Janitscharen zum Aufstand, stürmten sie zuerst die Küchen des Saray. Der Lärm umgestürzter Suppenbottiche setzte die Stadtbewohner sodann vom Aufruhr in Kenntnis. 1687 zum Beispiel plünderte die Soldateska geheime Weinkeller und terrorisierte volltrunken die ganze Stadt.

Lale devri – die barocke Tulpenzeit

Als Ahmet III. (1703–1730), ein Herrscher der feinfühligeren Sorte, versuchte, der verblassenden Sultansherrlichkeit mit der Übernahme französischer Rokoko-Lebensart etwas neuen Glanz zu verleihen, rief das sofort den Missmut der Janitscharen und muslimischer Kreise hervor. In Ahmets Regierung fällt die „Tulpenzeit" *(Lale devri)*, benannt nach der Tulpenzucht, die wie eine Manie ausbrach und Symbol für die Hinwendung zu Noblesse, Lyrik und Romanzen war. In der Baukunst hielten europäische Formen des Barock Einzug, die Inneneinrichtung folgte dem verspielten Rokoko. Versailler Hofhaltung und Pariser Eleganz avancierten zu Vorbildern der osmanischen Oberschicht. 1722 erteilte Ahmet den Auftrag, bei den Süßen Wassern Europas am Ende des Goldenen Horns das osmanische Versailles zu errichten, eine luxuriöse Schlossanlage für ihn und seine höfische Gesellschaft: *Saadabat*, das Haus der Glückseligkeit. Einem zeitgenössischen Poeten taten es besonders die „wandelnden Zypressen" inmitten der französischen Parkanlage an, sich in den Hüften wiegende Mätressen nach dem Vorbild von Versailles!

Ermöglicht wurde diese erste Welle der Europäisierung durch die Hinwendung nach Frankreich und einen regen kulturellen Austausch mit den europäischen, im Banne des Sonnenkönigs stehenden Fürstenhöfen der Zeit. Eine Folge war die Einrichtung der ersten Buchdruckerei in Istanbul. Doch die beginnende Aufklärung kam zu früh: Ein wüster Janitscharen-Aufruhr machte alles zunichte. Der Sultan wurde 1730 vom Thron gestoßen, sein Lustschloss „der Glückseligkeit" ging in Flammen auf.

Als Zeugnis seiner Tulpen-Herrschaft steht heute noch der prächtige Sultan-Ahmet-Brunnen zwischen der Aya Sofya und dem ersten Tor zum Topkapı Sarayı, eine gelungene Melange aus osmanischen, fernöstlichen und barocken Bauformen: Unter dem weit ausladenden Walmdach trägt eine Tafel das Eröffnungsjahr 1728 und die Verse: *Mach auf das Wasser, trink im Namen Gottes und bete für Sultan Ahmet, den (Bau-) Herrn.*

Bei der osmanischen Oberschicht – bestehend aus orientalischen Würdenträgern und griechischen und armenischen Großhändlern gleichermaßen – ließ sich der Einfluss des Abendlan-

Der Brunnen Sultan Ahmets III., 1728 errichtet, am Eingang zum Palastbezirk – eine reizvolle Schöpfung des osmanischen Rokoko.

des freilich nicht mehr aufhalten. 1748 wurde der Grundstock zur *Nur- u Osmaniye*, der dem „Licht Osmans" geweihten Moschee am belebten Eingang zum Basar, gelegt, und 1763 die Laleli-Moschee (Tulpen-Moschee) vollendet. In beiden Bauwerken sind Anklänge an die europäische Barockarchitektur und seine Dekoration unübersehbar.

Moda alla Turca

Auch im Abendland hinterließen die nicht nur kriegerischen Kontakte mit dem Osmanischen Reich ihre Spuren. Das „Türcken-Bild" wandelte sich vom ehemaligen „Ertzfeind" hin zum interessanten Exoten. Pauken, Trommeln und Schellenbaum der Janitscharen fanden Eingang in die österreichische und preußische Militärmusik. Komponisten wie Wolfgang Amadeus Mozart und Ludwig van Beethoven komponierten „Türkische Märsche" und bauten türkische Charaktere und das geheimnisvolle Seraglio in ihre Opern ein. Musik, Kleidung und Möbel folgten der *Moda Alla Turca*. Man ließ sich auf Ottomanen nieder, auf Divans, Kelims und Sophas, „trank Toback", schlürfte den „Türckentranck Cophee" und biss in Türkischen Honig *(Halva)*. Vielweiberei, Harem und Türkische Frauenbäder regten die (männliche) europäische Phantasie an und badende Odalisken („Frauenzimmer") wurden zu bevorzugten Sujets europäischer Malerei. Ein spezielles Genre waren Schach-Automaten in türkischem Gewande. Da bei vielen dieser großen mechanischen Figuren bald die Technik versagte, setzte man Hofzwerge hinein, die dann die Schachzüge vollzogen. Jene Automaten waren also „getürkt" – und dies war keineswegs böse gemeint!

Istanbul schreibt Weltgeschichte: Die Orientalische Frage

„Constantinople – c'est l'empire du monde!"

(Napoleon Bonaparte, 1807)

Während sich die politischen Verhältnisse zu den Mächten im Westen, zu Paris, Wien und London, zum gegenseitigen Nutzen entspannten, braute sich nördlich des Schwarzen Meers eine gewaltige Gefahr zusammen. Denn auch das immer mächtiger werdende Russland suchte Verbindung aufzunehmen, allerdings mit zunehmend aggressiven Untertönen. Das orthodoxe russische Zarenreich sah sich nämlich als den wahren Erben von Byzanz. Istanbul war Zargrad, die Kaiserstadt, die es für die rechtgläubige christliche Orthodoxie von den Türken zu befreien galt. Auf der Kirche der Heiligen Weisheit sollte wieder das goldene orthodoxe Doppelkreuz prangen! Unter Zarin Katharina der Großen stießen russische Kriegsschiffe 1770 in die Ägäis und ins Schwarze Meer vor. Ein „Griechisches Projekt" ließ 1790 bereits die Eroberung Konstantinopels in greifbare Nähe rücken. Sie scheiterte jedoch am Widerstand Österreichs und der anderen europäischen Mächte, die dem auftrumpfenden Russischen Reich diesen Prestige-Zuwachs nicht gönnen wollten. Aber die russischen Pläne zur Eroberung Istanbuls und zur Aufteilung des Osmanischen Reiches blieben bestehen: Die „Orientalische Frage" war geboren!

1798 landete General Napoleon Bonaparte mit 232 Kriegs- und Transportschiffen, 34 000 Soldaten, 200 Ingenieuren und 75 Altertumswissenschaftlern in Ägypten, das formal noch ein Teil des Osmanenreiches war. Sein Kriegsziel war nicht Istanbul, sondern die Schwächung der britischen Seeherrschaft. Von Konstantinopel aus sah man dem Machtringen der beiden Großmächte und dem Einsatz ihrer modernen Heeresstrategien und Militärtechnik zu Wasser und zu Lande einflusslos und konsterniert zu. Auch wenn sich die napoleonische Armee

1799 aus Ägypten wieder zurückziehen musste, so hinterließen „Bunabart" und seine Ideen doch einen gewaltigen Eindruck im Orient. Militärisch lagen Bosporus und Marmara-Meer längst nicht mehr in osmanischer Hand. Russische Flotten passierten seit 1774 regelmäßig den Bosporus. 1807 ankerte ein britisches Geschwader, zwar als Verbündeter, direkt vor dem Goldenen Horn. Hat man im Saray, diesem Goldenen Käfig, die Gefahren erkannt, die dem erhabenen Sultans- und Kalifenreich aus Europa drohten – und zwar nicht nur von den überlegenen Explosivgranaten, sondern vielmehr von den Ideen der Aufklärung, des Rationalismus und der Herrschaftsbeteiligung der Untertanen?

Ein „wohltätiges Ereignis":
Das Ende der Janitscharen (1826)

Noch bildeten die Janitscharen und die mit ihnen verbündeten Kreise des islamischen Fundamentalismus ein unsicheres Element. Ihre Meutereien gingen weiter und zunehmend gerieten nun Griechen und Armenier ins Visier der muslimischen Reaktion. Gegen die zumeist wohlhabenden Angehörigen der orthodoxen und der armenischen Kirche ließ sich der Istanbuler Mob leicht aufwiegeln. 1808 stürmten Janitscharen sogar das „ungläubige Galata" und raubten die ausländischen Botschaften und Kontore aus. Vielleicht war das der Anlass, dass sich nun alle Großmächte einig wurden, die fortschrittlichen Kräfte innerhalb des Osmanischen Reiches zu unterstützen – nicht nur mit Worten, sondern mit Heeresinstrukteuren und Waffenlieferungen an die neu geschaffenen Infanterie- und Artillerie-Regimenter.

Mit Sultan Mahmut II. bestieg 1808 ein Herrscher den Thron, der als Reformer in die Geschichte eingehen wird. Dazu war allerdings ein besonderes „wohltätiges Ereignis" notwendig. Es bestand in der Vernichtung aller Istanbuler Janitscharentruppen im Juni 1826 durch die neu geschaffene Armee. Die letzten Massaker, denen auch Angehörige der muslimischen Priesterschaft und der Derwische zum Opfer fielen, fanden auf dem At Meydanı, dem alten Hippodrom, statt. Mit diesem „wohltätigen Ereignis", so die blumige osmanische Beschreibung, war der Weg zu realen Reformen in der Sultansstadt frei.

Avrupa! Europa! – Die Stadt blickt nach Westen

Das 19. Jahrhundert war entscheidend für die türkische Geschichte. Drei geschichtliche Komponenten sind dafür verantwortlich, die hier nur kurz genannt werden sollen:

a) Die Übernahme abendländischer Rechtsnormen und tief greifender gesellschaftlicher Reformen, die zu einer Europäisierung der osmanischen Führungsschicht führten: Das Zeitalter des *Tanzimat* („Neuordnungen") wird von den Reform-Sultanen bestimmt, deren Innen- und Außenpolitik sich eng an Frankreich und Großbritannien, seit den 1880er-Jahren auch an Deutschland anlehnt.

b) Der Einfluss des westlichen Nationalismus, des bürgerlichen Nationalstaatsgedankens und des westeuropäischen Säkularismus, der zuerst die griechischen und balkanischen Untertanen erfasste (Unabhängigkeit Griechenlands und Serbiens 1830, Bulgariens 1878, Albaniens 1912), dann aber auch auf die Türken überging: Anstelle des multikulturellen Osmanischen Reiches wurde ein türkischer Nationalstaat propagiert. Träger des türkischen Nationalismus waren seit den 1870er-Jahren die sozialrevolutionären Jungtürken, nach dem Ersten Weltkrieg die Anhänger Kemal Atatürks.

c) Die „Orientalische Frage", verbunden mit der von Russland propagierten Aufteilung des Osmanischen Reiches und des russischen Anspruchs auf „Zargrad": Das russische Zarenreich verwickelte das Sultansreich in 12 große, verlustreiche russisch-türkische Kriege. In diesem Kontext sprach Zar Nikolaus I. 1855 vom „Kranken Mann am Bosporus". Da keine der westlichen Großmächte Russlands Machtzuwachs hinzunehmen bereit war, entstand eine Patt-Situation, in der das Osmanische Reich quasi als Verbündeter der Westmächte überlebte.

Das Sultansreich geriet in diesem Zusammenhang in die vollkommene wirtschaftliche Abhängigkeit von Paris, London und ab 1882 auch von Berlin (osmanischer Staatsbankrott von 1875 und enorme Schuldenlast). Sämtliche einträglichen Wirtschaftszweige mussten den Gläubigerstaaten überlassen werden, so fiel z. B. der Hafen Istanbul-Karaköy 1890 an Paris und der Hafen Haydarpaşa 1899 an Berlin. Großbritannien erlangte die Kontrolle über den Nahen Osten. Im Ersten Weltkrieg stellte sich das von den Jungtürken regierte Sultansreich auf die Seite des Deutschen Kaiserreichs und der k. u. k. Monarchie und fand 1918 sein Ende. Aus dem anatolischen Reichsteil ist dann 1922 nach dem Befreiungskrieg die Neue Türkei, die Türkische Republik entstanden.

Doppelstadt Istanbul:
Stambul und Pera im 19. Jahrhundert

Auch auf Istanbul – amtlich nach wie vor Konstantinopel – wirkten sich die profunden Neuerungen aus. Dies war umso nötiger, als die Stadt wuchs und wuchs, und zwar zuerst über Galata/Pera hinaus Richtung Şişli, weiter entlang der europäischen Gestade des Bosporus, wo neue sultanische Paläste Kristallisationspunkte bildeten, und sodann über den Bosporus hinweg in die asiatischen Vororte Üsküdar, Haydarpaşa und Kadıköy. Entlang der Marmara-Küste entstanden die ersten Industriezonen Zeytinburnu (Eisen- und Kupferwalzen; Textilien, Baumwolle) und Bakırköy (Schiffbau).

Russischer Vormarsch:
Das Trauma von San Stefano (1878)

Merkwürdigerweise breitete sich die Bebauung erst zu Beginn des 20. Jahrhunderts über die alte Stadtmauer aus. Ein Grund mag gewesen sein, dass sich das ländliche Vorfeld im Kriegsfall immer als extrem gefährdet erwiesen hatte. 1829 stießen die Russen mit mehr als 50 000 Mann über Edirne in Richtung Istanbul vor. Im Januar 1878 erschien die zaristische Armee in Sichtweite der

Stadt. Zar Alexander II. sah sich schon in die rechristianisierte Hagia Sophia einziehen und diktierte im Örtchen San Stefano (wo heute der Atatürk-Flughafen liegt) die Waffenstillstandsbedingungen. Nur das Eingreifen der Westmächte auf dem gleich danach einberufenen Berliner Kongress 1878 bewahrte die Sultansstadt vor der Eroberung. 1912 rückten auch die Bulgaren nahe heran, deren Zar Ferdinand – ein gebürtiger Sachse – sich bereits den byzantinischen Namen Simeon III. zugelegt hatte, um als neuer Kaiser in Zargrad einzumarschieren. Die jungtürkischen Militärs vermochten dies jedoch noch zu verhindern.

Die Einwohnerzahl war im 18. Jahrhundert unter eine halbe Million abgesunken, stieg aber von 391 000 (1844) über 430 000 (1856) bis auf 851 000 (1886). Die Zunahme ist in erster Linie auf die Massen von muslimischen Flüchtlingen *(Muhacir)* zurückzuführen, die aus den kriegsbedingt verlorenen Gebieten in die Hauptstadt drängten. Aus dem russischen Imperium kamen Tscherkessen und Krimtataren, aus dem Balkan Bosniaken, Arnauten (muslimische Albaner) und Pomaken (islamisierte Bulgaren). Dazu setzte bereits eine Zuwanderung aus dem ländlichen Anatolien ein – eine Entwicklung, die bis heute anhält. Auch Armenier, denen man Sympathien für den Zaren vorwarf und die in Ostanatolien von Türken und Kurden gleichermaßen verfolgt wurden, fühlten sich im multinationalen Milieu der Großstadt sicherer. Die prozentuale Verteilung der Religionen blieb bis 1914 etwa gleich: 44 % Muslime, 17,5 % griechische Christen, 17 % armenische Christen und 5 % Juden. Der Rest verteilte sich auf katholische, anglikanische und protestantische Ausländer.

Zwischen 1850 und 1914 ließen sich etwa 100 000 Briten, Franzosen, Deutsche, Österreicher und Italiener vorwiegend in Galata/Pera nieder, wo sie als Kaufleute, Industrielle, Techniker und Glücksritter meist sehr erfolgreich waren. Auch griechische und armenische Händler und Spekulanten, die sich unter den Schutz Londons, Paris' oder Berlins stellten, zählten als Ausländer. Gut die Hälfte der Einwohner Peras (und damit 15 % Gesamt-Istanbuls) war westlicher Herkunft. Nur dieser „steinerne" Stadtteil war wirklich multikulturell und kosmopolitisch. Für die weiterhin „hölzerne" Altstadt, wo Islam und Orient noch zu Hause waren, setzte sich in Europa die Kurzbezeichnung Stambul durch. Ein weltliches Zeichen der neuen Zeit ragte aber seit 1828 schon 50 Meter über Stambul in die Höhe: Der Beyazit-Turm, welcher der Feuerwache diente. Der leuchtturmartige Bau, heute Teil der Universität, ist ein Wahrzeichen der Stadt. Zu seinen Füßen entstanden die breiten Gebäudegruppen des Kriegsministeriums mit einer mächtigen Torhalle im maurischen Stil. Seit 1933 beherbergen die Ministeriumsbauten die erste Universität Istanbuls.

Eine neue Infrastruktur entsteht

Der preußische General Helmut von Moltke (1800–1891), der auf Ersuchen Sultan Mahmuts II. von 1835 bis 1839 das osmanische Militärwesen neu zu organisieren versucht hatte, betätigte sich zudem als Stadtplaner und legte detaillierte Vorschläge zur Umstrukturierung des Konstantinopler Straßennetzes vor. Den ordnungsliebenden Preußen und protestantischen Pedanten musste das regellose Bretterhäuschen- und Wegegewirr als reines Chaos anmuten. Im Wesentlichen orientierte er sich am regulären römischen Grundriss mit weiten Plätzen und großen Durchgangsstraßen der alten Mese. Freilich war zu seiner Zeit noch nicht daran zu denken, rigorose Schneisen quer durch die altosmanische Bebauung zu schlagen. Doch alle Stadtplaner, die ihm folgten – Franzosen, Italiener, Deutsche und ab 1860 auch Einheimische –, nahmen auf ihn Bezug.

Nach den großen Reformgesetzen von 1856 erhielten die Städte kommunale Selbstverwaltung, was sich in Istanbul im pompösen Bau des Munizipal-Palastes und der Einrichtung einer überbordenden Bürokratie niederschlug. Ihre Aufgabe war Stadtverwaltung und -planung. Nach französischem Modell unterteilte man das Stadtgebiet in Distrikte, um wichtige Vorhaben wie Wasserversorgung und Gasbeleuchtung zu delegieren.

„Heilsame Stadtbrände"

Die anstehende Neuplanung des Wohnhaus- und Straßensystems war von wechselndem Erfolg gekrönt. Chancen eröffneten sich immer dann, wenn ein Feuer ausbrach – was wegen der Bevölkerungsdichte häufig geschah. *Große Feuer bringen Glück*, hieß es in den Kreisen der Modernisierer, wobei zu bedenken ist, dass sich die Zahl der Todesopfer dabei stets in Grenzen hielt. Zwei Feuersbrünste legten 1856 in Stambul den Bereich Aksaray in Schutt und Asche und hinterließen eine breite Ödfläche zwischen Marmara-Meer und Goldenem Horn. Nun schritt man zur Tat, geleitet von französischen und italienischen Architekten: Sämtliche noch verbliebenen Holzhäuser wurden abgerissen und wichen einer aufgelockerten Neubebauung in Ziegelbauweise mit Plätzen und Straßen.

Nach dem Prinzip des Pariser Stadterneuerers Georges-Eugène Haussmann sollten die historischen Monumente möglichst freistehen. So wurde das alte Konstantinsforum zumindest zur Hälfte abgeräumt, indem man Holzhäuser und Buden, die sich *wie Muscheln an der Säule festgesetzt hatten*, abriss. Auch die alte Hauptachse der Mese kam wieder zum Vorschein. An ihrer Stelle wurde der breite *Divan Yolu* (Regierungsstraße) angelegt, der aber nicht genau dem Verlauf der Mese folgt.

Im Zuge dieser Maßnahmen entstand der Platz vor der Hagia Sophia neu und auch das zugebaute und übervolle Hippodrom erfuhr eine Reinigung. Die Aya Sofya erstrahlte bereits in neuem Glanz. Zu verdanken war das dem Schweizer Architekten Gaspare Fossati, der in sultanischem Auftrag von 1847 bis 1849 das Kircheninnere renoviert hatte. Dabei wurde u. a. eine Sultansloge eingebaut. Die aufgedeckten byzantinischen Fresken und Mosaike musste Fossati dem islamischen Bilderverbot entsprechend wieder überputzen lassen, denn noch diente die Kirche als Sitz des Kalifen – bis 1922.

Auch nach den folgenden Stadtbränden waren sofort die städtischen Verantwortlichen zur Stelle. Wo es möglich war, senkte sich ein reguläres Raster über das altosmanische Wegegeflecht, und bald darauf säumten ein- bis zweistöckige Ziegelhäuser die begradigten Straßen. Widerstand zeigte sich hauptsächlich beim Abriss von Heiligtümern und dem Überbauen von Friedhöfen. Doch Renitenz war ein zweckloses Unterfangen bei der zunehmend weltlich eingestellten, dabei weiterhin höchst autoritären osmanischen Beamtenklasse! Den Gedeckten und den Ägyptischen Basar erschütterte das schwere Erdbeben von 1894, Bedesten und Kuppeln wurden aber wieder in den traditionellen Formen aufgebaut.

Rue de Pera, die „Champs-Élysées des Orients"

Pera, das alte Galata, entwickelte sich zum europäisch geprägten Botschafts- und Kommerzviertel und wurde 1836 durch eine Brücke mit dem gegenüberliegenden Stambul verbunden. Im 19. und beginnenden 20. Jahrhundert avancierte dieser Stadtteil zum eigentlichen Mittelpunkt und zur modernen City Istanbuls. Die Grande Rue de Pera (heute *İstiklal Caddesi* – Freiheitsstraße) erlangte in ganz Europa Berühmtheit als Boulevard und Flaniermeile.

Die Grande Rue de Pera war im 19. Jahrhundert die Hauptgeschäftsstraße des Europäer-Viertels Pera (heute Beyoğlu). Als İstiklal Caddesi (Freiheitsstraße) repräsentiert sie heute das Künstler-, Bohème- und Szeneviertel der Stadt. – Kolorierte Postkarte von 1905.

Karaköy und Beyoğlu

Für den Uferbereich Peras bürgerte sich die Bezeichnung *Karaköy* ein, benannt nach den Karäern, einer jüdischen Sekte, die im Wirtschaftsleben eine große Rolle spielte. Die Neustadt hinter Galata mit dem größten Verkehrsknotenpunkt *Taksim* heißt heute *Beyoğlu*. Von hier aus dehnt sich Istanbul seit dem 20. Jahrhundert kontinuierlich Kilometer für Kilometer aus.

1870 ließ eine Brandkatastrophe die Holzbebauung Galatas/ Peras in Flammen aufgehen. Welch Gelegenheit, diesen Stadtteil nun vollends zu europäisieren und mit Prachtbauten in allen zeitgenössischen Baustilen auszustatten! Dabei wurden die alten Piazzen und engen Straßenzüge völlig überbaut. Auf beiden Seiten der Grand Rue de Pera prangten bald mondäne Läden, teure Kaufhäuser, Brasserien, Salons de Thé, Galerien und Passagen. Den Hauch der Gründerzeit versprühen noch heute die überdachte *Çiçek Pasaj* (Blumen-Passage) und das Jugendstil-Café Markiz. Hotels der Spitzenklasse flankierten den Boulevard. Berühmt war das noch bestehende, 1892 eröffnete Hotel Pera Palace *(Pera Palas)*, in dem die Reisenden des legendären Orient Expresses abzusteigen pflegten.

Die Fassaden der durchwegs fünf- bis sechsstöckigen Stadtpalais changierten in Neo-Klassizismus, Art-Nouveau und Jugendstil. Flaneuren aus ganz Pera bot sich hier ihre *Promenade favorite*. In Nebenstraßen lockten Bordelle, Revuetheater und Spielcasinos. 1908 öffnete das erste Kino des Reichs hier seine Pforten. Türkisch war in Pera eine Fremdsprache, man parlierte Französisch, Englisch, Italienisch und Deutsch. Die Deutschen schufen sich in der biergeschwängerten Teutonia nahe des Galata-Turms 1910 ein Zuhause. Die Einheimischen unter sich sprachen Griechisch oder Armenisch.

İstanbul Efendi

In Pera trat auch der Typus des noblen „İstanbul Efendis" auf, des wohlhabenden und polyglotten Rentiers und Müßiggängers. Seine Muttersprache mochte zwar sehr wohl das Türkische gewesen

136

sein, doch wäre er niemals auf den Gedanken gekommen, sich als Türke zu bezeichnen! Türken waren in den Augen der İstanbul Efendis Dörfler, simple Bauern und Hirten. Sie hingegen waren selbstverständlich noch Osmanen, oder in internationaler Schreibweise „Ottomanen". Die Begriffe Türke und Türkei werden, nebenbei bemerkt, erst unter den jungtürkischen Nationalrevolutionären und ab 1923 in der „Republik Türkei" salonfähig.

Botschaften aller Großmächte bezogen entlang der Rue de Pera ihre mondänen Sitze. Daran schlossen sich europäische Bildungseinrichtungen an, die bis heute florieren, wie das 1866 eröffnete französische Lycée de Galatasaray *(Galatasaray Lisesi)*, das 1882 gegründete österreichische St.-Georgs-Kolleg und die seit 1897 bestehende Deutsche Schule. In diesem Zusammenhang sei auch das US-amerikanische Robert-College genannt, das 1863 in Bebek gegründet wurde. Seit 1971 hat es seinen Sitz in Arnavutköy am Bosporus.

Die Grande Rue de Pera passiert kurz vor dem Taksim-Platz die 1882 errichtete neo-byzantinische Kirche der Heiligen Dreifaltigkeit, ein beeindruckendes Beispiel des griechischen Selbstbewusstseins. *Taksim* („Verteiler") leitet sich ab von der hier früher installierten Verteilungsstelle für Quellwasser. Den Platz selbst dominieren weltstädtische Gebäude, Oper, Theater und Kongresshallen. In der gepflegten Parkanlage lauschte man Konzerten und Kanto-Vorführungen.

Stambuler Familien ließen sich in verhängten Chaiselongues hierher fahren und betrachteten voll Staunen all die Dandys und Spaziergänger und das ungezwungene Miteinander der Geschlechter. In der innertürkischen Sicht bedeutete Konstantinopel Europa, *Avrupa*, mit all seinen Fortschritten und Anfechtungen – und dies gilt unverändert bis heute!

Besondere architektonische Wahrzeichen der osmanischen Städte des 19. Jahrhunderts waren Uhrtürme mit europäischen Zifferblättern. Sultan Abdülmecit (reg. 1839–1861) ließ sie im ganzen Reich als „Zeichen der neuen Zeit" erbauen. In Istanbul ermahnt seit 1849 die *Saat Kule* (gespr. Sa'at; Uhrturm) in Tophane und seit 1894 ein weiterer Turm in Dolmabahçe die Türken an europäisches Zeitverständnis.

1912 wurde in Pera (Beyoğlu) eine der ersten elektrischen Tramways Europas eingerichtet. Eine Nostalgiebahn verbindet heute den „Tünel" mit dem Taksim-Platz.

1892 bezog die Banque Imperiale Ottomane ein in stattlicher Neo-Renaissance gehaltenes Gebäude direkt am Ufer des Goldenen Horns in Galata-Karaköy. In ihrem Rücken windet sich eine verspielte Jugendstil-Miniaturausgabe der Spanischen Treppe hinauf in Richtung Galata-Turm. 1896 war die Bank Schauplatz eines spektakulären Überfalls armenischer Freischärler. Deren Tat hatten die armenischen Gemeinden im ganzen Reich mit Übergriffen und schweren Verfolgungen seitens aufgehetzter Muslime zu büßen.

Tramway und „Tünel"

Seit 1869 befuhr eine Pferde-Tramway die Rue de Pera, wobei man auf die muslimische Tradition insofern Rücksicht nahm, als es Männerabteile und Familienabteile gab. 1913 wurden die Pferdelinien, auch die in Stambul, elektrifiziert. Eine Originaltrambahn ruckelt heute wieder auf der als Fußgängerzone gestalteten İstiklal Caddesi vom Tünel zum Taksim-Platz.

Ein in ganz Europa beachtetes Unternehmen war der 1875 vollendete Bau des „Tünel", einer unterirdischen Standseilbahn vom Galater Hafen Karaköy hinauf nach Pera. Das technische Wunderwerk überwindet bis heute 62 Höhenmeter auf einer Schräglänge von etwas über einem halben Kilometer. Seitdem rühmt sich Istanbul, über die älteste U-Bahn auf europäischem Boden zu verfügen.

Legendäre Galata-Brücken

Vor Probleme stellte die Stadtplaner der viel befahrene Wasserarm des Haliç, des Goldenen Hornes. Dutzende von Großschiffen lagen hier stets vor Anker, umschwärmt von Hundertschaften von Lastkähnen, Versorgungsschiffen und Kaikis, Ruderbooten jeglicher Größe. Feste Kais gab es nicht, sondern nur hölzerne Stege, die über den ausgefransten Ufersaum ins Wasser führten. An den Ufern hatten sich Gewerbe angesiedelt, deren Abfälle das *golden glänzende Spiel der Wellen* langsam dunkel färbten. 1831 wurde zum ersten Mal eine Seuche mit der von hier ausgehenden Cholera-Epidemie diagnostiziert. Mehrere folgten, so dass um die Jahrhundertwende zum ersten Mal eine Befestigung der Wasserfront (Embankement) ins Auge gefasst wurde.

Das pittoreske Durcheinander von Strandhütten, Bootshäusern und Fischbratereien war extrem brandgefährdet. Die von hier ausgehenden Feuersbrünste zogen auch den benachbarten Stadtteil Fener mit dem Griechisch-Orthodoxen Patriarchat in Mitleidenschaft. Die in der Nähe beheimatete bulgarisch-orthodoxe Kirchenleitung zog hieraus die Konsequenzen und orderte in Wien eine komplett aus Gusseisen hergestellte Kirche! Der Bausatz wurde über die Donau verschifft und 1871 als

Die gusseiserne Stefanskirche der bulgarisch-orthodoxen Gemeinde am Ufer des Goldenen Horns. Oberhalb erhebt sich das griechische Gymnasium.

Sankt Stefanskirche eröffnet. Doch es würde noch bis in die 1980er-Jahre dauern, bis das Goldene Horn und seine Umgebung saniert sein werden.

Eine feste Verbindung von Stambul nach Galata war lange Zeit als nicht erforderlich erachtet worden, da der Transfer durch eine Vielzahl von Fährleuten gewährleistet war. 1836 erfolgte ein erster schmaler hölzerner Brückenschlag im oberen Bereich des Haliç, der 1845 durch eine massive 500 Meter überspannende Holzbrücke von Eminönü nach Galata ersetzt wurde. Eine 1863 für diese Stelle gefertigte Metallbrücke wurde von den britischen Herstellern falsch berechnet und fand 1872 an der Stelle der ersten Brücke ihren Standplatz. Von 1878 bis 1912 überspannte eine 480 Meter lange Eisenbrücke den Haliç. 1912 trat eine Pontonbrücke aus deutscher Fertigung (Maschinenfabrik Augsburg Nürnberg, MAN) an ihre Stelle. Sie bestand aus zwei breiten Fahrstreifen mit Straßenbahnschienen in der Mitte. Das Untergeschoss bot einer

140

Die legendäre zweite Galata-Brücke überspannte von 1845 bis 1912 das
Goldene Horn. Von 1912 bis 1992 folgte eine Stahlkonstruktion der deutschen Firma MAN, die 1992 durch diese moderne Brücke abgelöst wurde.

Vielzahl von Geschäften und Lokalen Platz. Der Mittelteil
wurde nachts aufgeklappt und erlaubte die Durchfahrt großer
Schiffe. Zahllos sind die Schicksalsberichte, Legenden und
modernen Märchen, die sich um die Brücke ranken. Bis zu
einem Brand 1991 blieb sie in Betrieb. Bereits im darauffol-
genden Jahr war die gegenwärtige Brücke hergestellt, ein
ebenso zweigeschossiger Bau. Wie ihre Vorgängerinnen stellt
auch diese moderne Brückenkonstruktion die Hauptschlag-
ader Istanbuls dar.

Schifffahrt und Eisenbahn

Seit 1850 befuhren mit Dampfmaschinen betriebene Passagier-
schiffe regelmäßig den Bosporus von den Haltestellen Eminönü
und İstinye aus. 1900 kreuzten bereits sieben Linien zwischen
Europa und Asien. Zu den ersten Destinationen zählten auch

die Prinzeninseln im Marmara-Meer. Nur eine Stunde Schiff-fahrt von Istanbul entfernt, hatte sich die Istanbuler Haute volée – bestehend aus Griechen, Armeniern, Juden, Levanti-nern und ein paar reich gewordenen Türken – dort ihre Som-mervillen geschaffen.

Die schweren, Rauch ausstoßenden Dampfschiffe hielten bis in die 1980er-Jahre den Fährverkehr über den Bosporus auf-recht. Auch nach dem Bau der modernen Bosporus-Brücken im 20. Jahrhundert ist die Bedeutung der Fährverbindung per Schiff ungebrochen.

Eisenbahnen repräsentierten die „Leitungsdrähte des Fort-schritts". Ihre Verbreitung war ein Anliegen internationaler Gesellschaften und Kapitalgeber. Einträglich erschien die Ver-bindung des Orient-Expresses von Paris über Wien, Belgrad und die neue bulgarische Hauptstadt Sofija nach Istanbul. 1874 erreichte die Gleislegung osmanisches Staatsgebiet. Be-denken, die Schienen würden in Istanbul rund um die Halb-insel herum bis zum geplanten Bahnhof Sirkeçi über den sultanischen Parkbereich führen, zerstreute Sultan Abdülha-mit höchstpersönlich: *Züge müssen kommen, und sei es über meinen Rücken!* Der Gleiskörper entlang der Marmara-Küste erforderte dann allerdings eine 200 Meter breite Uferauf-schüttung. Die Quader der alten Seemauern und die Ruinen der byzantinischen Seepaläste und Hafenanlagen kamen da wie gerufen, sie wurden abgerissen und verbaut. Im Oktober 1889 war die durchgehende Verbindung zwischen Wien und Istanbul hergestellt.

Der 1890 vom deutschen Architekten August Jachmund im neo-maurischen Stil erbaute, dabei höchst moderne Bahn-hof Sirkeçi empfing die Reisenden aus Europa. Wollten sie weiter nach Asien, stand ihnen seit 1909 der asiatische Kopf-bahnhof Haydarpaşa zur Verfügung, von wo aus man bis Smyrna (İzmir) oder über Ankara bis Damaskus gelangte. Seine Architektur im Stile der Weser-Renaissance ist ein deut-liches Zeichen für die deutsche Urheberschaft. Haydarpaşa gehörte zum kaiserlich-wilhelminischen Prestigeobjekt der „Bagdad-Bahn", das von deutschen Banken und Firmen fi-nanziert wurde.

Spätosmanische Belle Époque

Symbolisch für die Reformzeit war der Bezug neuer Regierungspaläste durch die Sultane. Der verschachtelte und unzeitgemäße Topkapı Sarayı wurde zugunsten neuer, am luftigen Bosporusufer im Distrikt Beşiktaş gelegener Prachtbauten aufgegeben. 1856 verließen die letzten Hofbeamten Stambul und folgten Sultan Abdülmecit in den 1855 erbauten Dolmabahçe-Palast. Die armenischstämmigen Hofarchitekten Kerkor und Garabed Balyan schufen ein phantastisches Bauwerk – eine Art neo-osmanisches Neuschwanstein. In der 600 Meter langen Fassadenfront vermengen sich Klassizismus und Renaissance. Der Thronsaal strotzt vor maurischen und arabesken Stilelementen. Der Name („Gefüllter Garten") weist auf die zierlichen Parkanlagen hin, die den Palast immer noch umgeben.

Sultanspaläste am Bosporus

Sultan Abdülaziz ließ sich von 1863–1867 eine weitere Sommerresidenz am Bosporusstrand erbauen. Ihre pompösen Architekturformen repräsentieren eine Stilmischung aus Barock, Rokoko und üppigen orientalischen Elementen. 1867 wurde in seinen Räumen Abdülaziz wegen drohender Armutsaufstände zur Abdankung und zum Selbstmord gezwungen. Sein kurzzeitiger Nachfolger war Murat V. Er verlor wegen Geistesschwäche den Thron und wurde bis zu seinem Tod hier interniert. Nach einem verheerenden Brand von 1910 erhielt der Palast den Namen *Çırağan* (Brandstätte). Heute dient er als Hotel der Luxusklasse.

Etwas kleiner dimensioniert ist der zwischen 1865 und 1875 inmitten eines grünen Uferparks oberhalb des Bosporus errichtete *Yıldız-* („Sternen-") Palast, der wieder das Motiv einzelner altosmanischer Köşks aufnahm. Kaiser Wilhelm II. war hier in den Jahren 1889 und 1898 zu Gast, als er seinem osmanischen Verbündeten, dem vorletzten Sultan Abdülhamit II., einen Staatsbesuch abstattete.

Im Inneren erwartete die preußisch-deutsche Delegation eine regelrechte Orgie aus Silber, Kristall, Marmor und Stuck. Kaiser Wilhelm, ausschweifendem Dekor nicht abgeneigt, revanchierte sich mit dem Geschenk des gelungenen „Deutschen Brunnens" *(Alman Çeşmesi)*, der seit 1900 das Hippodrom ziert.

All jene Prunkpaläste waren Stein gewordener „Orientalismus", sie repräsentierten den „romantischen Orient", wie er in der europäischen Vorstellungswelt des 19. Jahrhunderts vorherrschte: geprägt von „Luxus und Kitsch". Hinter den verschnörkelten Wänden herrschte freilich kühle europäische Technik: Stahlkorsettbauweise, Druckwasserleitungen und elektrisches Licht.

Der europäische Orientalismus trieb mitunter seltsame Blüten. Ein literarisches Exempel hinterließ uns der französische Schriftsteller und Lebemann Pierre Loti (1850–1923): In seinem Schmachtroman „Aziyadé" von 1879 rühmt er sich der sentimentalen Liebe zu einer exotischen Istanbuler Haremsdame. Verbürgt ist, dass er über Eyüp gerne im Café saß und Wasserpfeife rauchte. Ein Opiumkörnchen zuviel hat ihm dabei wohl besagte Aziyadé in den Kopf gesetzt. Das sehr schön über dem Goldenen Horn gelegene Cafe heißt heute nach ihm „Piyerloti" und ist auch per Sessellift zu erreichen.

Die Gebrüder Balyan entwarfen noch weitere „historisierende" Bauten, etwa 1864 die reizvoll am Bosporusgestade gelegene Ortaköy-Moschee mit ihrer neobarocken Dekoration.

Palast von Dolmabahçe („Gefüllter Garten") am europäischen Ufer des Bosporus, von 1856 bis 1921 Residenz der osmanischen Sultane, heute Museum. – Postkarte von 1905.

144

Seit 1973 wird sie vom technischen Wunderwerk der modernen Bosporusbrücke überspannt, die wie ein Stein und Stahl gewordenes Sinnbild Europa und den Orient verbindet: ein sprechendes Fotomotiv, das in keinem Istanbul-Führer fehlt!

Bei all den bisher genannten technischen und architektonischen Neuerungen stammten allerdings sowohl Planer als auch Konstrukteure in der Regel aus dem Westen. Erst ab 1900 treten türkische Fachkräfte auf, die in Paris, London, Wien oder Berlin ausgebildet worden waren.

Religiöse und nationale Widersprüche

Während sich westliche Ausländer (immer noch „Franken" geheißen), Levantiner, reiche Griechen, Armenier, Juden und verwestlichte Istanbul Efendis in Galata/Pera noch sorglos dem Fin de Siècle hingaben, wuchsen die religiösen und ethnischen Spannungen im deutlich ärmeren Stambul an. Die interreligiösen Konflikte waren immer vorhanden gewesen und vom Sultanat stets im muslimischen Sinne gelöst worden. Mit der Schutzherrschaft westlicher Großmächte über die christliche Reichsbevölkerung gewann diese jedoch an Selbstvertrauen und pochte auf ihre Rechte – die dann auch mit Hilfe der westlichen Diplomatie durchgesetzt wurden.

Von ihrer osmanischen Tanzimat-Herrschaft konnten die Muslime keine generöse Unterstützung mehr erwarten, denn die nach Europa ausgerichtete Tanzimat-Obrigkeit stand allen Reichsreligionen zunehmend indifferent gegenüber. Par ordre verbot sie das Tragen des Turbans (an seine Stelle trat der Fez) und zwang den Muslimen eine Kleiderordnung *à la franga* (nach „fränkischer" Art) mit Hosen und Jacketts auf. Frauen wurden ausdrücklich ermuntert, die Gesamtverschleierung abzulegen. 1845 erfolgte die Gründung der ersten Universität nach europäischem Muster, weitere Hochschulen folgten. Auch Mädchen erhielten Zugang zu Schulen und Berufsausbildung und wurden als Ärztinnen, Krankenschwestern und Telegrafistinnen ins Heer aufgenommen. Mit eiserner Faust unterdrückte das fortschrittliche Offizierskorps jegliche muslimische Protestaktion: Derwische und widerspenstige Imame wurden aus der Stadt geworfen und *Tekkes* (kleine Derwischklöster) bei Widerstand geschlossen.

Mit der Übernahme des europäischen Nationalgedankens verschärfte sich die Situation: Konstantinopel war immer noch die „größte griechische Stadt". Athen, die Hauptstadt des neugriechischen Staatsgebildes, konnte noch lange nicht konkurrieren. Die 1830 mit Hilfe der Großmächte erstrittene staatliche Unabhängigkeit Hellas' büßten der orthodoxe Patriarch in Konstantinopel und zahlreiche Fanarioten mit dem Tod. Unter den Griechen entstand die *Megale Idea* – die „Große Idee" von der Wiederherstellung des ostchristlichen Byzantinischen Reichs und der wahren griechischen Nationalhauptstadt Konstantinopolis. Obwohl es den „osmanischen" Griechen wirtschaftlich erheblich besser ging als ihren „freien" Brüdern im selbstständigen, aber armen Hellas, wuchs die griechische Unabhängigkeitsbewegung innerhalb des Osmanischen Reichs an. Spannungen mit der Sultansregierung und den anderen Ethnien waren also vorprogrammiert. Jeder der fünf osmanisch-neugriechischen Waffengänge von 1830 bis 1914 wurde von anti-griechischen Ausschreitungen in Stambul begleitet.

Unter den Armeniern, die ähnlich wie die Griechen im Wirtschafts- und Kulturleben der osmanischen Hauptstadt eine führende Rolle einnahmen, bildete sich ebenfalls eine nationale Unabhängigkeitsbewegung. Im östlichen Anatolien sollte ein selbstständiges Armenien entstehen – wenn es sein musste, auch mit der Hilfe Russlands. Bei jedem der russisch-osmanischen Kriege war die armenische Bevölkerung deshalb in Istanbul und im Reich Verfolgungen ausgesetzt. Auch sonst erpressten osmanische Beamte die zumeist wohlhabenderen armenischen Bürger und Bauern und hetzten kurdische Banden auf sie. Als es 1895 zu einer armenischen Protestveranstaltung in Istanbul kam, wurde sie von einem Mob unter den Augen der Gendarmerie grausam niedergeschlagen. 1905 verfehlte ein armenisches Attentat Sultan Abdülhamit, kostete aber 26 Begleitpersonen das Leben. Die Antwort bestand in antiarmenischen Pogromen in Istanbul.

Letztendlich fiel der Nationalgedanke bei den Türken selbst auf fruchtbaren Boden, wobei erst jetzt der Volksname Türke gebräuchlich wurde. Unter den Jungtürken strebten mehrere Fraktionen nach einer in ihrer Nationalität „rein-türkischen Republik". Verbunden war dieses Vorhaben mit der gewaltsamen Türkisierung aller anderen Staatsbürger bzw. deren Ausweisung und Vertreibung.

Das Zusammenleben der multireligiösen und multiethnischen osmanischen Gemeinschaft war unmöglich geworden. Besonders im dicht besiedelten Milieu Istanbuls, in das immer mehr muslimische Flüchtlinge strömten, stieg die Konflikt- und Gewaltbereitschaft. Alle europäischen Beobachter bemerkten nach der Jahrhundertwende eine anwachsende unheimliche, quasi unterirdische Katastrophenstimmung in der Stadt.

Das Ende der Sultansherrschaft

Seit 1908 beanspruchten die Jungtürken die Macht. Straßenschlachten mit muslimischen Konterrevolutionären erschütterten Istanbul und ein fanatisierter Mob brach ins „ungläubige Pera" ein. Die jungtürkisch geführte Armee besetzte daraufhin die Stadt und schlug den Aufruhr am 31. März 1909 nieder. Nach einem neuerlichen, vergeblichen Aufstand islamischer Kräfte musste Sultan Abdülhamit II. abdanken. Er hatte von 1876 bis 1909 regiert.

Der sultanische Harem löst sich auf

Drei Ehefrauen und vier Konkubinen begleiteten den 67-jährigen Sultan Abdülhamit nach seiner Abdankung ins Exil. Der Harem im Yıldız-Palast mit angeblich 1000 Frauen löste sich langsam auf. Die Damen waren jedoch auch weiterhin als Heiratskandidatinnen geschätzt, da sie in der Regel eine gute Ausbildung genossen und reiche Geschenke erhalten hatten. Da sie – wenn überhaupt – nur mit dem sakrosankten Sultan-Kalifen sexuellen Kontakt hatten, galten sie, gleich welchen Alters, als Jungfrauen.

Die Monarchie war diskreditiert. Die beiden folgenden Sultane, Mehmet V. (1909–1917) und Mehmet VI. (1917–1922), waren zugleich die letzten der osmanischen Dynastie. Sie spielten nicht einmal mehr eine repräsentative Rolle. 1913 putschten sich die Jungtürken endgültig an die Macht und errichteten eine Militärdiktatur. Außenpolitisch führten sie die Türkei (dieser Staatsname erhielt nun offiziellen Charakter) an der Seite Berlins und Wiens in den Ersten Weltkrieg. Eine hochrangig besetzte preußisch-deutsche Militärmission hatte die deutsch-türkische Kriegsallianz seit 1882 vorbereitet. Zackig auftretende Pickelhaubenträger und ordengeschmückte deutsche Generäle gehörten bis 1918 zum gewohnten Straßenbild in den besseren Quartieren Istanbuls. Über die Balkanbahn rollte der Nachschub an: Mauser-Maschinengewehre, Fokker-Kampfflugzeuge sowie Kanonen der Firmen Krupp und Loewe.

1915 leiteten die Russen ihre Offensiven ein und formulierten klar ihr Kriegsziel: Zargrad – Konstantinopel! Diesem Vorhaben wollten die Westalliierten zuvorkommen und strebten nun ihrerseits den Durchbruch durch die Dardanellen und die Einnahme der weitgehend wehrlosen Hauptstadt an. Der Versuch endete erfolglos mit den verlustreichen Dardanellenschlachten im Jahr 1915. Der Sieger auf türkischer Seite hieß Mustafa Kemal, ein 34-jähriger Oberst. Als kritischer Begleiter der Jungtürken war er kein Unbekannter gewesen, doch nun wurde er weit über die Grenzen hinaus bekannt. Sein militärisches Genie rief genauso Bewunderung hervor wie sein klares Bekenntnis zu einer nach europäischen Werten aufzubauenden Türkischen Republik. Er ist der spätere Staatsgründer von 1922, Mustafa Kemal Atatürk (1881–1938; sein Beiname bedeutet „Vater der Türken").

1917/18 fiel zwar mit der Russischen Revolution der Druck vom Norden weg und der russische Drang nach Zargrad gehörte der Geschichte an, doch steuerte das osmanisch-türkische Imperium unweigerlich seinem Zerfall und Untergang entgegen. Im November 1918 durchpflügte ein britisch-französisches Flottengeschwader das Marmara-Meer und richtete die Schiffsgeschütze auf die Stadt. Britische und französische Besatzungstruppen okkupierten die strategisch wichtigsten Punkte.

Eine Haremsdame auf einer Ottomane. – Genre-Foto, 1905.

Mustafa Kemal Atatürk (1881–1938),
Gründer und erster Präsident der
Türkischen Republik.

Hungernde, campierende Flüchtlinge hatten die Einwohnerzahl auf den bisherigen Höchststand von fast 1,2 Millionen Menschen gebracht. Im Mai 1919 rückten als Verstärkung italienische Besatzungstruppen an. Von den Einheimischen wurden insbesondere Franzosen und Italiener durchaus mit Sympathie empfangen. Auch Mustafa Kemal, nun General, weilte in der Stadt, in Şişli. Er lotete die Möglichkeiten zum nationalen Widerstand aus. Als auch die Griechen einen Platz am alliierten Siegertisch suchten und lauthals ihre Megale Idea samt Konstantinopel einforderten, schlossen sich zahlreiche bisher noch zögernde Kräfte dem türkischen nationalen Widerstand an.

Kemal verließ im Mai 1919 Istanbul und baute in Anatolien seine erfolgreiche Befreiungsarmee auf. Als Reaktion wurde die paralysierte Sultansstadt im März 1920 unter britisches Kriegsrecht gestellt. Kemal berief daraufhin die „Große Nationalversammlung" in Ankara ein und bildete dort eine neue Regierung. Der völlig desavouierte Monarch und sein Marionettenkabinett im brachliegenden Istanbuler Yıldız-Palast wurden abgesetzt. Der erste Schritt zur neuen Hauptstadt der Republik, Ankara, war getan.

Istanbul – Die verschmähte Hauptstadt der Türkischen Republik

Das Ende der „Griechischen Polis" (1923)

Für die Griechen endete ihr Kriegsabenteuer, das sie mit britischer Duldung 1921 tief nach Anatolien geführt hatte, mit der „Kleinasiatischen Katastrophe", der Vernichtung ihrer Armee durch Kemals Truppen und der panischen Flucht Tausender griechischer Einwohner aus Kleinasien. In Istanbul wurden die Siege Kemals und seines Mitkämpfers İsmet İnönü (1884–1973) frenetisch bejubelt und sogar mit Gottesdiensten in der Aya Sofya gefeiert. Viele griechische Einwohner Konstantinopels verließen die Stadt. Die verbliebenen Christen rückten unter dem Schutz der Alliierten in enge Quartieren zusammen. Einen letzten kosmopolitischen Hauch verliehen der Stadt russische Emigranten, die vor den Sowjets flüchteten und in Pera Orchester, Theater und eigene Lokale gründeten, wie das Rejans (Regence).

Im Oktober 1922 marschierte die türkische Befreiungsarmee in der Noch-Hauptstadt ein. Ex-Sultan Mehmet VI., ein Schatten seiner selbst, wurde am 16. November 1922 auf einem britischen Panzerkreuzer evakuiert und Richtung Malta ins Exil gebracht. Sofern sein Abgang überhaupt bemerkt wurde, reagierte die Bevölkerung gleichgültig. So endete die Geschichte Istanbuls als Hauptstadt und als Sitz eines Kaisers und Sultans – nach fast 1600 Jahren!

Im Frieden von Lausanne 1923 bestätigten die Großmächte die Gründung der neuen Republik Türkei. Internationale Anerkennung fand zudem die von Atatürk erkämpfte Grenzziehung innerhalb des „türkischen Rechtecks", wie sie heute noch besteht. Nur noch drei Prozent des Staatsgebiets lagen in Europa. Istanbul, die alte Reichsmitte, rückte damit an die Peripherie. Eine weitere Bestimmung betraf den „Bevölkerungsaustausch" zwischen Griechenland und der Türkei. Etwa eineinhalb

Millionen Griechen (definiert als orthodoxe Christen) verließen Kleinasien. Im Gegenzug wurden etwa 360 000 Muslime aus Griechenland deportiert. Obgleich die Griechen Konstantinopels ausdrücklich von diesem Transfer ausgespart blieben, verließen sie mehrheitlich die Stadt.

Armenier, die durch die schweren Pogrome des Jahres 1915 verunsichert waren, und Juden schlossen sich an. Viele wanderten in die USA aus. Mit einem Mal hatte Istanbul seine wirtschaftlich aktive Unternehmerschicht und sein Bürgertum verloren. Auch Europäer und Levantiner hielt es nicht länger in der Ex-Metropole. Es war das Ende der kosmopolitischen Stadt.

Istanbul verliert seinen Status als Regierungssitz

Im selben Jahr erwirkte die republikanische Regierung unter Staatspräsident Kemal Atatürk eine weitreichende Maßnahme, die bis heute Bestand hat: Istanbul verlor seine Funktion als Hauptstadt, als Parlaments- und Regierungssitz. An seine Stelle trat das tief im Landesinneren gelegene Ankara. Diese – von Istanbul aus gesehen – provinzielle Lage war indessen mit ein Grund für die Verlegung der Hauptstadt, denn die weltoffene Bosporusstadt hatte sich in den vergangenen 50 Jahren als in strategischer Hinsicht extrem verwundbar gezeigt. Ankara hingegen lag auf einer kargen und schwer zugänglichen Hochfläche mitten in Anatolien. Auch die nationaltürkische Ideologie spielte eine Rolle. Atatürk und seine nach Europa tendierenden Republikaner sahen sich nicht in der Nachfolgetradition des Osmanischen Reiches; sie wollten vielmehr weg von der muslimischen Vergangenheit, weg von den Sultansmoscheen und den grotesk überladenen Plüschpalästen. Ankara bot ihnen die Möglichkeit, eine neue, weltlich und rational geordnete Urbanität zu schaffen – und diese Chance nutzten sie. Sämtliche Ministerien konzentrierten sich in der neuen Hauptstadt, die ausländischen Botschafter verließen Istanbul und bezogen das neue Diplomatenviertel in Ankara. Und das neue administrative Zentrum der Türkei zog bald sämtliche wirtschaftlichen Aktivitäten auf sich, verbunden mit rasch steigender Einwohnerzahl und wirtschaftlicher Bedeutung. Die Infrastruktur des Landes wurde sternförmig auf Ankara ausgerichtet, während Istanbul einen signifikanten Bedeutungsverlust erlitt.

Konstantinopel wird zu İstanbul (1930)

Die Stadt wandelte ihr Gesicht. Bis 1927 sackte ihre Einwohnerzahl auf 700 000 ab. Dafür stieg der prozentuale Anteil der Türken – zu solchen wurden nun pauschal alle Muslime erklärt – auf über 90 %. Erst jetzt war sie eine wahrhafte türkische Stadt geworden! Das kam auch in der Namensgebung zum Tragen: Per Dekret wurde 1930 der alte byzantinische wie osmanische Name „Konstantinopel" bzw. „Qostaniniye" abgeschafft. An seine Stelle trat der seit langem populäre Volksname „İstanbul". Zwar war zumindest der Oberschicht die Bezeichnung Istanbul oder Stambul immer etwas vulgär vorgekommen. Doch nun war sie zum offiziellen Stadtnamen geworden.

Atatürk kannte Istanbul gut; hier hatte er 1905 an der Militärakademie seine Ausbildung vollendet, die Nächte als Dandy verbracht und die Weltläufigkeit der Großstadt in Tanzcafés, Varietés und literarischen Salons durchaus genossen. 1913 mietete er für sich, seine Mutter und seine Schwester ein Haus in Beşiktaş, wohnte selbst aber meist im Pera Palace Hotel (seine Suite 205 dient heute als Gedenkraum). Er war sich schon damals im Klaren, dass die Dekadenz der sultanischen Epoche nicht mehr aufzuhalten war. Nach seinem Kriegseinsatz verließ er 1919 die Stadt fürs Erste und leitete den Unabhängigkeitskrieg von Ankara aus. Istanbul kam in seinen Augen nur mehr antiquarische Bedeutung zu: Ausländische Staatsbesucher und Pressevertreter wurden mit Bedacht an Istanbul vorbei ins moderne Ankara gelotst.

Wichtige Tatsachen, die für Istanbul sprachen, ließen sich freilich nicht leugnen, beispielsweise die internationalen Seeverbindungen der dortigen Hafenanlagen. Die Stadt blieb das „Tor der Türkei zur Welt". Auch als Bildungsstadt bewahrte Istanbul seine hohe Stellung; so bezog die Universität 1933 das Gebäude des ausgelagerten Kriegsministeriums am Beyazit-Platz. Und in den Augen der Ausländer büßte die historische Sultanstadt keineswegs ihre hohe Attraktivität und ihre kulturelle Atmosphäre ein. Zwar zogen die Botschaften um, doch blieben sämtliche ausländischen Vertretungen in Galata als Konsulate bestehen. Und das Wichtigste: Istanbul blieb auch weiterhin die größte Stadt der Türkei!

Atatürks Regierung trug dem insofern Rechnung, als auch Istanbul in die moderne Stadtplanung miteinbezogen wurde: Als ideologische Grundlage wurde 1926 das zentrale Denkmal der Republik inmitten des Taksim-Platzes errichtet. Eine Maßnahme von hohem Symbolwert war die Umwandlung der Aya Sofya von einer Moschee in ein profanes weltliches Museum im Jahre 1934. Dies entsprach Atatürks radikalem Reformprogramm, das mit der Unterordnung des Islam unter den Staat, mit der Frauenbefreiung, dem Schleier- und Fezverbot und der Einführung der Lateinschrift und des Sonntags einherging.

Der Staatspräsident selbst kehrte seit 1926 immer häufiger der nüchternen Behördenstadt Ankara den Rücken und begab sich in die wieder an Leben gewinnende Stadt am Bosporus. Kemal bezog einige Räume des Sultanspalastes am Bosporus als provisorischen Amtssitz. Seine letzten Monate verbrachte er auf einer Yacht vor der Küste. Im Herbst 1938 übersiedelte der inzwischen schwerkranke Staatslenker in den alten sultanischen Dolmabahçe-Palast. Am 10. November 1938 verstarb er dort im Alter von 57 Jahren. Sein Mausoleum befindet sich in Ankara.

Westliche Formen der Stadtplanung

Atatürks Vermächtnis war ein modernes Großstadt-Istanbul mit regelmäßigen Neubauvierteln und repräsentativen Staatsbauten und Paradeplätzen, neben denen die historischen Bauwerke als Museen (wie die Hagia Sophia) aber weiter bestehen bleiben sollten. Für die Realisierung dieser Pläne standen ihm renommierte Fachkräfte aus Deutschland und Österreich zur Seite. Der Ausbruch des Zweiten Weltkriegs verhinderte die Realisierung dieses Vorhabens größtenteils. Besonders das immer noch nicht durchgängige Straßensystem stellte die Planer weiterhin vor Probleme. Der moderne Verkehr erforderte breite Durchgangsstraßen, Boulevards und Plätze, die miteinander verbunden sind.

Die bereits 1845 gegründete Istanbuler Universität bezog 1933 die Gebäude des nach Ankara verlegten Kriegsministeriums. Im Bild das Eingangstor zum Campus im neo-maurischen Stil.

1939 wurde daher eine zweite Brücke über das Goldene Horn gespannt, die den Namen Atatürk-Brücke erhielt und mit einem breiten Straßenring, dem Atatürk-Boulevard, verbunden ist.

Orhan Veli Kanık: „Ich höre Istanbul ..."

1941 schrieb Orhan Veli (1914–1950) sein berühmtes Gedicht „Ich höre Istanbul", eine melancholische Hommage an seine Heimatstadt. Veli Kanık, einer der bedeutendsten Poeten der Moderne, war sich bewusst, dass Istanbul vor gewaltigen Veränderungen stand.

Aus dem Zweiten Weltkrieg vermochte sich die Türkei herauszuhalten. Istanbul blieb von Kampfhandlungen verschont. 1949 schloss sich die Republik vorbehaltlos dem westlichen Bündnis und 1952 der NATO an. Die Folge waren großzügige Kredite und Marshall-Plan-Hilfe – auch zur „Modernisierung der Städte". Unter Ministerpräsident Adnan Menderes (1950–1960) galt für die Stadt am Bosporus das amerikanische Prinzip der unbeschränkten Motorisierung und der autogerechten Stadt: Rigoros fielen alte Wohnquartiere dem Ausbau der mehrspurigen Uferstraße von Yedikule über die Sarayspitze bis zur Galata-Brücke zum Opfer, quer durch die Altstadt wurde eine Schneise vom Haliç unter dem Valens-Aquädukt hindurch bis zum Marmara-Meer geschlagen. Dass dabei viel historische Bausubstanz unwiederbringlich verloren gegangen ist, fiel in der Marshall-Plan-Euphorie nicht weiter auf. Nachdem ein Großfeuer 1954 den Gedeckten Basar vernichtet hatte, wurden Stimmen laut, hier Kaufhäuser nach deutschem Vorbild zu erbauen. Dazu kam es jedoch nicht – der Basar wurde weitgehend in seiner alten Form wiederaufgebaut.

Türkisch-griechische Spannungen

Auch die große Politik griff wieder nach der Stadt: Das Verhältnis zum Nachbarstaat und ebenfalls NATO-Mitglied Griechenland verschlechterte sich infolge der Zypern-Krisen. Im September 1955 hetzten nationalistische Politiker den Istanbuler Mob auf die letzten noch verbliebenen Griechen der Stadt. In Beyoğlu, dem alten Pera, wurden sämtliche griechischen Geschäfte zerstört und die christlichen Kirchen verwüstet.

Im mit dem Wiederaufbau beschäftigten Europa hatte man nach dem Zweiten Weltkrieg nicht mehr viel von Istanbul gehört. Und nun trat die Stadt gerade mit diesen Schlagzeilen wieder ins Bewusstsein der Europäer. Etwa 50 000 Griechen flüchteten aus Istanbul nach Griechenland und in die USA. Die Situation des griechisch-orthodoxen Ökumenischen Patriarchats im Stadtteil Ferner ist bis heute prekär geblieben: Patriarch und Priester sind immer wieder Anfeindungen und Verdächtigungen ausgesetzt, wobei diese nicht so sehr von muslimischer, sondern von nationalistisch-türkischer Seite erfolgen. 1971 wurde das griechische Priesterseminar Chalke auf Heybeliada, der zweitgrößten der Prinzeninseln, geschlossen. Die Zahl der Griechen bewegt sich heute in Istanbul etwa bei 2000.

Konflikte und Krisen – Tradition und Moderne

Während des Kalten Krieges fungierte Istanbul als eines der „Schaufenster des Westens". Und in der Tat wirkte die Stadt gegenüber den tristen Ostblockstaaten am Schwarzen Meer als funkelnde und vitale Metropole. Innenpolitische Umbrüche freilich erschütterten die türkische Republik und ihre größte Stadt mehrfach. Viermal übernahmen die Militärs „im Namen Atatürks" die Macht im Lande. Die Staatsstreiche von 1960, 1971, 1980 und 1997 vermochten jedoch die vielfältigen Probleme des sich rasch modernisierenden Landes nicht zu lösen. Soziale Gegensätze führten zu Demonstrationen und Unruhen. Von 1975 bis 1980 verstärkten sich die bürgerkriegsähnlichen Zustände. Der Terror von Rechts- und Linksextremisten forderte zahlreiche Todesopfer. Seit 1980 herrschte offener Kriegszustand im kurdischen Südostanatolien. Als aus dem Kriegsgebiet vertriebene und flüchtende Kurden massenhaft nach Istanbul strömten, übertrug sich der gewaltsame Konflikt in die Stadt. Von 1980 bis 1985 lastete daher der militärische Ausnahmezustand über der Provinz Istanbul.

In Istanbul ordneten sich die kommunalpolitischen Verhältnisse insofern neu, als mit Dekret der Militärregierung 1980/81 die Großstadt-Verwaltung *(Büyükşehir Belediyesi)* mit einem direkt zu wählenden Oberbürgermeister geschaffen wurde.

Einflussreiche nationalistische Kräfte schürten die inneren Krisen weiter an und bezogen auch andere Minderheiten, wie die Griechen, die Armenier und die Alewiten (eine muslimische Glaubensform), in ihre Attentate mit ein. Derweil bereicherte sich das kemalistische Establishment am Ausverkauf des Staatsvermögens, der durch Privatisierungspolitik und Korruption ermöglicht wurde. Vor diesem spannungsgeladenen Hintergrund formierte sich eine immer breiter werdende islamische Bewegung, die versprach, all die nationalen, gesellschaftlichen und innenpolitischen Probleme im Sinne des Koran zu lösen.

Obgleich stets vom Verbot seitens der Generäle bedroht, beteiligten sich die islamischen Parteien mehrfach an der Regierung und eroberten viele kommunale Spitzenämter des Landes, auch in Istanbul.

Auf der Suche nach der Stadtseele: Orhan Pamuk

Orhan Pamuk (* 1952), der aus Istanbul stammende Literaturnobelpreisträger des Jahres 2006, hat in seinen Kindheits- und Jugenderinnerungen den von ihm und seiner der Oberschicht angehörenden Familie so empfundenen Niedergang der einstigen Prachtstadt sentimental und zugleich realistisch geschildert. Unüberhörbar, wenn auch unterschwellig, klingt dabei die Klage über den ungezügelten Zuzug anatolischer Dörfler an, welche die Urbanität aushöhlten und Istanbul langsam anatolisierten und islamisierten. Ob die in Istanbuler Intellektuellenkreisen häufig gehörte Feststellung – zuletzt geäußert vom Istanbuler Autor Petros Markaris (* 1937) – „Wäre Istanbul nach der Republikgründung 1923 Hauptstadt geblieben, das Schicksal der Türkei wäre anders verlaufen", zutrifft, muss offen bleiben.

Orhan Pamuk bei der Präsentation seines Buches „Museum der Unschuld" am 28. August 2009.

Dem steigenden Transport- und Individualverkehr trug man mit dem Bau der beiden mehrspurigen Bosporus-Brücken Rechnung: 1973 wurde die erste eröffnet, 1500 Meter lang und 64 Meter hoch. Seit 1988 überspannt zusätzlich die formschöne Fatih-Sultan-Mehmet-Brücke die Wasserstraße und schließt die Türkei an das europäische Autobahnnetz an. Eine dritte Bosporus-Brücke – näher zum Schwarzen Meer hin gelegen – ist bereits in der Planungsphase. Damit wird immerhin der Fern- und Schwerlastverkehr von der Innenstadt abgehalten.

Im internationalen Luftverkehr nimmt Istanbul eine Schlüsselstellung ein: Der Atatürk International Airport liegt nur 24 Kilometer vom Zentrum entfernt im Vorort Yeşilköy. In den Jahren 2000 und 2006 wurde er umfassend auf den neuesten Stand gebracht. 2001 feierte man die Eröffnung des Sabiha Gökçen Airports auf der asiatischen Seite. Ein dritter Flughafen in der Nähe der Business-Viertel Levent und Şişli wird nicht lange auf sich warten lassen.

Ein Großprojekt der 1980er-Jahre war die Sanierung des Goldenen Horns. Sie ist gelungen, der Wasserarm ist geklärt und seine Ufer sind befestigt. Wie zu Sultans Zeiten breitet sich bei den Süßen Wassern Europas ein grünes Erholungsgebiet aus. Allerdings mussten dazu 250 000 Menschen umgesiedelt werden, die sich hier vorher in engen Wohn-, Gewerbe- und Fabrikquartieren zusammengedrängt hatten. Ähnlich rigoros verfuhr man im Stadtteil Beyoğlu. Um Raum für eine 6-spurige Schnellstraße zu schaffen, vertrieb man die betroffenen Anwohner. Seit 1988 zerteilt diese Straße die Stadtviertel Taksim und Tarlabaşı.

Die Ära Turgut Özal: Boom am Bosporus

Internationaler Weltwährungsfond und Weltbank forderten nach 1980 verstärkt das Ende der Staatswirtschaft in der Türkei und die Einleitung umfangreicher Privatisierungen. Ministerpräsident Turgut Özal (1983–1991; Staatspräsident von 1991–1993) realisierte daher eine liberale Wirtschaftspolitik, die einen marktorientierten Reformschub in Gang setzte. Vom Wirtschaftsboom profitierten einheimische Holdings (Mischkonzerne), die als Familienunternehmen geführt werden und in der Türkei quasi omnipräsent sind: Koç Holding (Automobilbau zusammen mit Fiat und Ford; Elektrogeräte und Lebensmittel), Sabancı Holding (Baustoffe, Automobilbau, Banken), Doğan Holding (Medien), Doğuş Finanz- und Bankengruppe und Zorlu Holding (Elektronik). Auch der Pharma-Riese Eczacıbaşı hat unter Özal seinen Aufstieg begonnen. Mit den Bekleidungsfirmen Vakko und Beymen ist Istanbul mittlerweile zu einer führenden Stadt der internationalen Mode aufgestiegen. All diese Großfirmen sind in der Stadt präsent. Das Hauptquartier der Sabancı-Gruppe, die Sabancı Twin Towers in Istanbul-Levent, ist ein markantes Wahrzeichen der Wirtschaftskraft.

Die kulturelle Rückbesinnung auf das historische Erbe der Stadt fand jedoch lange Zeit kaum Rückhalt in der Politik, weil die offizielle nationalistische Staatsdoktrin die „alten Bauwerke" als überholte Zeichen der Vergangenheit wertete. „Das Stiefkind der säkularen neuen Republik" sei Istanbul gewesen, schrieb die Autorin Elif Shafak (* 1971). Entsprechend wenig ausgeprägt war das Verständnis für Denkmalpflege. Noch 1988 rückten Bulldozer an und zerstörten rigoros die historische Bausubstanz am Bosporus, um Raum für mehrspurige Uferstraßen zu schaffen. 150 000 Menschen, die als kleine Gewerbetreibende, Straßenhändler und Taglöhner entlang des europäischen Bosporusufers ihr Leben gefristet hatten, wurden in schnell hochgezogene Trabantenstädte an der Peripherie ausquartiert. Die Stelle der alten Holzvillen (*Yalı*) und Fischerhäuschen nehmen seitdem die „Gated Communities" der Wohlhabenden, exklusive Seerestaurants, Segelclubs und Yachthäfen, ein. Yaşar Kemal (* 1923), der große alte Mann der türkischen Literatur und Friedenspreisträger des Deutschen Buchhandels von 1997, hat dem von staatlicher Gewalt und Grundstücksspekulation bedrohten Istanbul zwei düstere Novellen gewidmet: „Auch die Vögel sind fort" (1978) und „Zorn des Meeres" (1983).

Çelik Gülersoy

Von den zahlreichen Istanbulern, die sich für die Erhaltung ihrer Stadt einsetzten, ist besonders Çelik Gülersoy (1930–2003) zu nennen. Der langjährige Vorsitzende des türkischen Automobil-clubs engagierte sich erfolgreich für die Sanierung historischer Stadtteile. Ihm ist unter anderem die Wiederherstellung der alten Holzhausbebauung um die Kariye Camii und entlang der Saray-Mauer im Rücken der Aya Sofya zu verdanken – heute touristische Highlights ersten Ranges. Die von Gülersoy ins Leben gerufene „Istanbul Library" beherbergt eine der bedeutendsten Sammlungen zur Stadtgeschichte.

Stimulierend für die Rettung historischer Monumente wird auch die 1984 erfolgte Aufnahme des historischen Altstadt-kerns von Stambul *(Sultanahmet)*, des Topkapı-Palastes, der Hagia Sophia und der Stadtmauer in das UNESCO Erbe der Menschheit gewirkt haben. Eine weitere wichtige Maßnahme zur Aufwertung und zur Hebung der Lebensqualität war die Umwandlung der İstiklal Caddesi – der alten Grande Rue de Pera – in einen Fußgänger-Boulevard im Jahr 1990. Auf der Geschäfts- und Flaniermeile zwischen Galata-Turm und Tak-sim-Platz pulsiert seitdem das abendliche Leben der Stadt. Im Schatten des Galata-Turms ist das Szeneviertel der Künstler und der Reichen, Schönen und Jungen entstanden.

Während seit der Ära Özal (1983–1993) immer wieder neue, wenn auch schmale Schichten reicher Wirtschaftsgewinner ent-stehen, sanken (und sinken) Großteile der Bevölkerung zu „Modernisierungsverlierern" herab und suchen ihr Glück in den Großstädten und in der Arbeitsmigration. Der politische Islam, der unter Atatürk und weiter bis in die 1960er-Jahre praktisch bedeutungslos war, fällt gerade bei den ärmeren Tei-len der Stadtbevölkerung auf fruchtbaren Boden. Nachdem seit 2002 religiöse Parteien Regierungen stellen, ist der Islam auch sichtbar wieder in die Städte zurückgekehrt. Das betrifft in besonderem Maße Istanbul, das bereits seit 1994 von islamisch geprägten Bürgermeistern regiert wird. Tayyip Recep Erdoğan (* 1954), Vorsitzender der religiösen „Partei für Gerechtigkeit und Aufschwung" und seit 2003 Premierminister der Türkei, bekleidete von 1994 bis 1998 das Amt des Oberbürgermeisters. Er gilt als der „Mann von Kasimpaşa", wobei der Hafenbezirk Kasimpaşa am Haliç beispielhaft für all die Missstände steht, unter welchen die ärmeren Stadtteile leiden: Ungeregelte Zuwanderung, Überbevölkerung und Arbeitslosigkeit. Unter Erdoğan und seinen Nachfolgern wurden zahlreiche urbane Probleme gelöst, wie die Zufuhr sauberen Wassers, die Müll- und Abfallbeseitigung sowie die Pflege und Neuanlage von Parks und Grünflächen. Der Religionspartei zu verdanken ist auch die Umwandlung ehemaliger Armenviertel in reguläre Wohnquartiere mit Wasser und Strom und der moderne Ausbau des öffentlichen Nahverkehrs.

Stadt der Kontraste

Besucher aus dem Westen, welche die Stadt in den 1960er- und 1970er- Jahren kennen gelernt haben, äußern sich immer wieder überrascht über die Zunahme muslimischer Lebensformen in der Stadt, erkennbar etwa in der Kleidung der Frauen mit Kopftuch. Diese Beobachtung ist richtig. Während früher nur die ländlichen Zuwanderer und die Gecekondu-Bewohnerinnen in den weit entfernten Vororten Kopftücher trugen, hat sich diese Sitte nun in der ganzen Stadt mehrheitlich verbreitet. Einzelne Stadtviertel wie das Altstadtquartier Fatih gelten gar als fundamentalistisch geprägt. Das Kopftuch – türk. *Başörtüsü* – darf jedoch keineswegs generell als Zeichen des Rückschritts gewertet werden. Gerade gebildete junge Frauen tragen es als modisches Accessoire. In den klimatisierten Bürotürmen der internationalen Business-Bezirke Şişli und Levent hingegen ist der Orient weit weg. In touristisch aufgewerteten Gegenden, wie in Beyoğlu und den mondänen Bosporusorten Bebek, Tarabya oder Kanlıca, wird man ebenso kaum auf Attribute des Islam stoßen. Hier herrschen westliche Lebensformen vor, mitunter in plakativer Übertreibung der Freizügigkeit.

„Minarett und Minirock" wird dieses Nebeneinander von orientalischer Tradition und Weltlichkeit genannt. Und in der

Levent und Maslak sind die Geschäftszentren der modernen Megacity.

Tat ist Istanbul seiner Geschichte treu geblieben und repräsentiert nach wie vor eine Stadt starker Kontraste: Zum Gegensatz Religion und Säkularismus kommt der Luxus weniger Superreicher und die Dritte-Welt-Armut analphabetischer Zuwanderer hinzu, die hier unvermittelt aufeinanderstoßen, genauso wie die wiederhergestellte Pracht osmanischer Bauten und die kühle moderne Architektur mit dem kargen, gleichsam anatolischen Leben in den Gecekondu-Siedlungen.

Hatte Istanbul auch in der Zeit der frühen Republik immer den Rang der größten Stadt der Türkei behalten, so verstärkte sich diese Tendenz in der Nachkriegszeit geradezu explosionsartig: Seit den 60er-Jahren nahm der Zuzug aus Anatolien zu. Eine riesige Ost-West-Bewegung erfasste das Land und drängte die Bevölkerung aus dem unterentwickelten Mittel- und Ostanatolien in den vergleichsweise fortschrittlichen Westteil des Landes und nach Istanbul. Ablesen lässt sich dies an der enormen Zunahme der Istanbuler Bevölkerung: 1950 rechnete man mit knapp einer Million Einwohnern, 1970 hatten sie sich mit 2,1 Millionen bereits mehr als verdoppelt. In den Boom-Jahren zwischen 1983 und 1990 zählte man bereits 6,7 Millionen, 1996 8,1 Millionen und 2006 war die 10-Millionen-Grenze erreicht. Die aktuelle Bevölkerungszahl, die sich auf den Großraum Istanbul bezieht, bewegt sich auf 14 Millionen zu. Zwei Drittel der Einwohner konzentrieren sich auf der europäischen Seite, ein Drittel wohnt in den asiatischen Stadtteilen. Und wichtig zu wissen: Die Jugend überwiegt!

Die Region Istanbul übertrifft mit ihren 14 Millionen Einwohnern die europäischen Agglomerationsräume Paris, London und Moskau, die jeweils 10 Millionen Menschen zählen. Das durchschnittliche Bevölkerungswachstum betrug damit von 1950 bis 2006 6 % und stagniert gegenwärtig, da sich die Landflucht aus dem Osten mittlerweile abgeschwächt hat. Über 70 % der heutigen Einwohner sind nicht in der Stadt gebürtig, sondern kommen aus dem Landesinneren, besonders aus dem weit entfernten Ost- und Südostanatolien. Nahezu ein Fünftel der türkischen Bevölkerung ballt sich in der Megastadt am Bosporus zusammen. Und trotzdem handelt es sich um eine Großstadt, die weitgehend funktioniert!

Der steigenden Mobilität der Istanbuler kommt der längst überfällige, aber seit der Jahrtausendwende zügig vorangetriebene Ausbau des modernen Untergrund- und Schnellbahnnetzes zugute. Die Metrolinie verläuft bereits auf 20 Kilometern von Levent über Şişli nach Taksim und weiter unter dem Goldenen Horn hindurch nach Sirkeci und zum neuen Verkehrsknoten Yenikapı. Von dort ist eine weitere Schnellbahn, die wiederum das Goldene Horn unterseeisch quert, in Richtung Taksim im Bau. Den Eisenbahn- und Metrotunnel vom europäischen zum asiatischen Ufer haben wir schon eingangs erwähnt. Ein weiterer U-Bahn-Tunnel unter dem Bosporus ist bereits in Planung.

Gecekondu: Über Nacht gebaut

Die Zuwanderung betraf vor allem die Randbezirke der Stadt, die sich immer weiter nach außen verschoben. Für die Vorortsiedlungen wurde der Begriff *Gecekondu* („über Nacht gebaut") geprägt, weil sie ursprünglich ungeplant und ungeregelt von den Zuzüglern in Eigenregie aufgebaut wurden, um möglichst schnell vollendete Tatsachen zu schaffen. Trotzdem waren die türkischen Gecekondus niemals mit Slums, Favelas oder Elendsvierteln gleichzusetzen.

Aus den mit Ziegelhäuschen übersäten Flächen, auf denen sich die ländlichen Zuwanderer nach Herkunftsregionen niederließen und ihre dörflichen Sippenstrukturen beibehielten, haben sich mittlerweile einfache Wohnquartiere mit mehrstöckigen Häusern und Anschluss an städtische Versorgungseinrichtungen entwickelt. Von hier aus pendeln die Einwohner in die Industrie- und Gewerbezonen der Stadt. Auch innerstädtische Brachflächen wurden nach dem Gecekondu-Prinzip dicht aufgesiedelt und nachträglich legalisiert. Infolge kommunaler Umwandlungsprogramme verwandeln sich manche der Siedlungen in attraktive Neubauviertel.

Ein Beispiel für diese Form der urbanen Entwicklung ist Ümraniye auf der asiatischen Seite. Ursprünglich ein Dorf inmitten Wald und Feld, wuchs es in den 1980er-Jahren durch Zuzug aus dem

Gecekondu: Eine Vorortsiedlung in Istanbul. Die einfachen Hütten und Häuser weichen allmählich modernen Neubauten für die ehemaligen Bewohner.

Schwarzmeergebiet zu einem riesigen Gecekondu heran. Dann ließen sich Textil- und andere Industriebetriebe auf der Suche nach billigen Standorten und Arbeitskräften nieder. Entscheidend für die urbane Aufwertung war dann die Anbindung an die beiden Bosporus-Brücken. Gegenwärtig ist Ümraniye ein beliebter Wohnort für den Mittelstand mit über einer halben Million Einwohnern und ein modernes Geschäftsviertel mit Einkaufzentren, Großmärkten und Boutiquen.

Freilich funktioniert das Prinzip „Zuerst die Gebäude – dann die Infrastruktur" nicht allenthalben. Gecekondus, die sich über Flusstäler und Niederungen erstrecken, werden von Regenfällen und Flutwellen bedroht, wie im Spätsommer 2009 geschehen. Die Duldung illegaler Bebauung in gefährdeten Gebieten durch Behörden und Kommunalpolitik – im Gegenzug zu Wählerstimmen – zählt zu den Grundproblemen der Istanbuler Stadtpolitik.

Mittlerweile sind nicht mehr die irregulären Gecekondu-Ansiedlungen das Problem, sondern der Verfall innerstädtischer Bausubstanz. Ein augenscheinlicher Sanierungsfall ist der Distrikt Tarlabaşı in unmittelbarer Nähe des zentralen Taksim-Platzes. Bis zu ihrer Vertreibung 1923 und zuletzt 1955 lebten hier Griechen und Armenier. Während der Kurdenaufstände nach 1980, 1992 und 1996 flohen Zehntausende Kurden aus den Bürgerkriegsgebieten nach Istanbul und ließen sich vorwiegend in den zerfallenen Häusern von Tarlabaşı nieder. Dann folgten Flüchtlinge aus der untergegangenen Sowjetunion, aus Afrika und dem Nahen Osten. Erhaltungsmaßnahmen seitens der Stadtregierung erfolgten nicht, da dieses zentrumsnahe Armenviertel insgesamt beseitigt und neu gebaut, „gentrifiziert" (d. h. durch wohlhabende Bevölkerung sozial aufgewertet) werden soll. Bislang scheiterte der Abriss am Widerstand der Einwohner.

Eine Megastadt, die funktioniert!

Die wirtschaftliche und soziale Dynamik der Mehrmillionenstadt bietet Migranten aus den strukturschwachen Gebieten der Türkei nach wie vor Perspektiven und Möglichkeiten – schließlich ist Istanbul in jeder Hinsicht die größte Stadt des Landes,

Seit 1973 überspannt die erste Bosporus-Brücke die Meeresstraße.
Im Vordergrund die neobarocke Ortaköy-Moschee von 1854.

gerade auch bezüglich Handel, Warenumschlag, Gewerbe und Industrie. Mehr als ein Viertel des gesamten Bruttoinlandsprodukts des Landes wird im Großraum Istanbul erzeugt. 60 % der Importe und Exporte werden in der Stadt abgewickelt. Die klassischen türkischen Produkte Textilien, Baumwolle, Leder und Agrarerzeugnisse spielen zwar immer noch eine Rolle, sind aber längst von höherwertigen technischen Produkten abgelöst worden. In Istanbul konzentriert sich die moderne High-Tech-Industrie des Landes, zahlreiche Zulieferbetriebe fertigen hochmoderne Produkte wie Fahrzeugteile, Maschinen und Elektroartikel für die internationalen Firmen General Electrics, Cisco, Nortel, Hyundai, Isuzu, Ford, Opel und Renault. Von deutschen Konzernen, die in Istanbul erfolgreiche Joint-Ventures unterhalten, seien Siemens, Bosch und Vaillant genannt. Mercedes-Türk hat seine Generalvertretung im Istanbuler Bezirk

167

Hoşdere. Mercedes und MAN lassen vorwiegend Nutzfahrzeuge und Busse in Istanbul fertigen. Grundig und Villeroy & Boch, deutsche Traditionsfirmen, sind 2004 bzw. 2006 in türkische Hände übergegangen, mit Sitz in Istanbul.

In Aufwärtsentwicklung befindet sich zudem der Dienstleistungssektor und davon wieder besonders die Tourismusbranche. Im Jahr 2007 besuchten 6,5 Millionen Touristen die Stadt. 15 % davon kamen aus Deutschland.

Die Zentren des modernen Business, der Banken, der Medien und der internationalen Handelsketten und Hotels liegen im glasverspiegelten Hochhaus-Distrikt Levent mit seiner eindrucksvollen Skyline. In diesen Umkreis haben sich auch die Wohnviertel der Oberschicht verlagert, nach Etiler, Nişantaşı und Maslak. Eine bevorzugte Wohngegend auf der asiatischen Seite zieht sich entlang der *Bağdat-Caddesi* (Bagdad-Allee) hin.

Von den zehn Hochschulen seien die Universität Istanbul im Stadtteil Beyazit, die Technischen Hochschulen Istanbul und Yıldız, die Galatasaray-Universität, die Privatuniversitäten der Unternehmen Sabancı und Koç sowie die englischsprachige Bosporus-Universität genannt. Die Gründung einer Deutsch-Türkischen Universität erfolgte 2008. Bemerkenswert sind die neuen Museen, Galerien und Kunstsammlungen, die im letzten Jahrzehnt eröffnet wurden, zumeist als Stiftungen der großen türkischen Wirtschaftskonzerne: Das Rahmi-Koç-Museum (Verkehr, Industrie), das ebenso von der Koç bzw. Kıraç-Gruppe gegründete Pera-Museum, das auf den Bosporus blickende Sakıp Sabancı Museum (klassische und moderne Kunst) und das spektakuläre, von der Firma Eczacıbaşı ins Leben gerufene „İstanbul Modern" (Museum of Modern Art).

Im weiten Raum zwischen den süddeutschen und oberitalienischen Ballungsräumen im Westen, Moskau im Norden, Mumbai im Osten und Kairo im Süden stellt Istanbul die bedeutendste weltstädtische Metropolregion dar. Und längst hat sie ihre alte Zentralfunktion für den Balkan- und Schwarzmeerraum wiedergewonnen. Die von Istanbuls Dichtern Orhan Veli Kanık, Yaşar Kemal und Orhan Pamuk beschriebene vergangenheitsbezogene, nostalgische Resignation ist einem jungen, zukunftsorientierten Optimismus gewichen. Und immer noch

bietet die Stadt – vom Marmara-Meer oder Bosporus aus be-
trachtet – mit ihren in den Himmel ragenden Minaretten eine
traumhafte Silhouette. Wer von ihrer Geschichte weiß, erkennt
darunter die majestätischen Kuppeln von Konstantinopel, und
er sieht Byzanz, einen kulturellen Schnitt- und Knotenpunkt
unserer Geschichte zwischen Okzident und Orient.

Zeittafel

um 680 v. Chr.	Gründung von Kalchedon durch griechische Kolonisten aus Megara (heute Kadıköy am asiatischen Ufer des Bosporus).
um 660 v. Chr.	Gründung von Byzantion am europäischen Ufer des Bosporus als Kolonie von Megara.
146 v. Chr.	Byzantion (lat. Byzantium) schließt sich dem römischen Bündnissystem an (civitas libera et foederata).
69–79 n. Chr.	Unter Kaiser Vespasian wird Byzantium ins Römische Imperium eingegliedert.
196 n. Chr.	Zerstörung der Stadt durch Kaiser Septimius Severus als Sühne für die Unterstützung seines Rivalen Pescennius Niger.
211–217	Wiederaufbau unter Kaiser Caracalla.
4. Jh.	Die Kaiser Constantius II. (337–361), Valens (364–378), Theodosius I. (379–394) und Arcadius (395–408) vollenden das „Konstantinische Bauprogramm".
324–326	Verlegung der Kaiserresidenz von Rom nach Byzanz / Konstantinopel.
324–337	Kaiser Konstantin I. als Alleinherrscher des Reiches.
325	Konzil von Nikäa (heute İznik).
330, 11. Mai	Einweihung der neuen Kaiserstadt Konstantinopel (Konstantins Stadt).
um 335/40	Kirchenlehrer Eusebius von Caesarea schreibt die Vita Constantini.
381	Einrichtung des Patriarchats Konstantinopel.
391	Das Christentum wird Staatsreligion.
395	Teilung des Römischen Reiches in das West- und das Oströmische Reich. Konstantinopel wird Hauptstadt des östlichen Reichsteils.
412–450	Stadterweiterung unter Theodosius II.; Bau der Landmauern.
476	Absetzung des letzten weströmischen Kaisers in Rom. Ende des Weströmischen Reiches.
527–565	Kaiser Justinian; Justinianisches Bauprogramm: Neubau des Palastes, Anlage von Zisternen.
532	Der Nika-Aufstand wird niedergeschlagen.
532–537	Bau der Hagia Sophia durch die Baumeister Anthemios von Tralleis und Isidor von Milet.
541	Beulenpest dezimiert die Stadtbevölkerung.
548	Tod der Kaiserin Theodora.
558–562	Nach Einsturz Neubau der Kuppel der Hagia Sophia.
626	Belagerung durch Avaren, Slawen und Perser wird abgewehrt.
nach 626	Ausbau der Seemauern.
642	Eroberung Ägyptens durch die muslimischen Araber; Verlust der „Kornkammer Konstantinopels".
674–678	Angriffe der Araber auf die Stadt. Tod des „Fahnenträgers des Propheten", Eyüp.
714–718	Einsatz des „Griechischen Feuers" gegen arabische Belagerer.

726–843	Innerbyzantinischer Bilderstreit. Verlust zahlreicher bildlicher Kunstwerke.
9./10. Jh.	Griechisch-orthodoxe Mission und Kulturausbreitung über Bulgarien und den Balkanraum.
867–886	Unter Kaiser Basileios I. Errichtung neuer Palast- und Kirchenbauten mit Bilderschmuck.
912–959	Kaiser Konstantin IV. Porphyrogenetos („der im Purpur Geborene"); Blüte von Kunst und Wissenschaft.
968	Bischof Liutprand von Cremona (Gesandter Kaiser Ottos I.) beschreibt das oströmische Kaiserzeremoniell.
988	Die Rus (Russland und spätere Ukraine) übernimmt das Christentum orthodoxer Prägung aus Konstantinopel.
1054	Das „Schisma" (Spaltung) besiegelt die sich bereits seit dem 6. Jahrhundert abzeichnende Kirchenspaltung in die lateinisch-katholische Westkirche und die griechisch-orthodoxe Ostkirche.
1071	Niederlage der Oströmer gegen die Seldschuken in Mantzikert (Malazgirt, Armenien). Daraufhin Vordringen weiterer islamisierter Turkvölker aus Zentralasien nach Anatolien.
1082	Vertrag (Chrysobullon) mit der Seerepublik Venedig („Tochter Konstantinopels"). Venedig erlangt das Handelsmonopol im Oströmischen Reich. Venezianische Quartiere in Konstantinopel.
12. Jh.	Unter der Kaiserdynastie der Komnenen endgültige Verlagerung der Residenz vom Justinianspalast in den Blachernenpalast.
1147	Bedrohung der Stadt während des 2. Kreuzzugs.
1152	Seerepublik Genua sichert sich Handelsprivilegien in Konstantinopel.
1171	„Lateinerpogrom"; Angriffe auf „fränkische", bzw. „lateinische" (katholische) Kaufleute in Konstantinopel.
1192	Angriffsdrohung des Kreuzfahrerheeres des 3.Kreuzzugs.
1197	Vorbereitungen zur Eroberung Konstantinopels durch eine abendländische Flotte enden mit dem Tod des römisch-deutschen Kaisers Heinrich VI.
1202/03	Venedig transportiert die Teilnehmer des 4. Kreuzzugs nach Konstantinopel (1192–1205: Doge Enrico Dandolo).
1204, 13. April	Einnahme und Ausplünderung der Kaiserstadt durch die Kreuzfahrer.
1204/05	Aufteilung des Oströmischen Reiches unter die „Lateiner". Venedig sichert sich den Ägäis-Raum und die Levante (östliches Mittelmeer).
1205–1261	Konstantinopel als Hauptstadt des „Lateinischen Kaiserreichs". Schwere Spannungen zwischen den katholischen „fränkischen" Herren und der griechisch-orthodoxen Stadtbevölkerung. Die Stadtzerstörungen von 1204 werden nicht mehr behoben.
1205	Kaiser Theodoros Laskaris (1205–1222) begründet in Nikäa das oströmische Exilkaisertum. Kaiserhof, Administration und Patriarchat ziehen nach Nikäa um.

1260	Allianz mit der Seerepublik Genua gegen Venedig und das „Lateinische Kaiserreich".
1261, 25. Juli	Rückeroberung Konstantinopels durch Kaiser Michael VIII. Palaiologos (1259–1282) mit genuesischer Flottenhilfe; Vertreibung der lateinischen Herrschaft und Bezug des Blachernenpalastes durch die Dynastie der Palaiologen.
1263	Beginn des Baus der genuesischen Kolonialstadt Galata jenseits („peran") des Goldenen Horns.
Um 1280/1300	Emir Osman begründet das muslimische Osmanische Reich im Nordwesten Anatoliens. Bursa wird 1326 erste osmanische Hauptstadt. 1331 wird Nikäa in das Osmanische Reich eingegliedert (türk. İznik).
14. Jh.	Das griechisch-osmanische Verhältnis wechselt sich ab zwischen engen politischen (auch dynastischen) und kulturellen Beziehungen und kriegerischen Auseinandersetzungen.
1313	Neubau der Chora-Klosterkirche und Ausstattung mit Mosaiken.
1348	Erdbeben und Pest in Konstantinopel.
1348	Ausbau der genuesischen Stadt Galata: Anlage von Hafen und Befestigungen. Die Genuesen sichern sich weit reichende Handelsprivilegien im byzantinischen (Rest-) Reich.
1348/49	Vollendung des Christus-Turms in Galata („Galata-Turm").
1354	Die Osmanen überschreiten die Dardanellen und erheben nach 1361 Adrianopel (Edirne) zu ihrer Sultansstadt.
1394	Bau der „Anatolischen Burg" (Anadolu Hisarı) durch Sultan Beyazit I. als Vorbereitung zur Einnahme der Stadt.
1422	Belagerung durch Sultan Murat II. (1421–1451).
1425–1448	Kaiser Johannes VIII. sucht Hilfe im Abendland und bietet die Kirchenunion an.
1439	Unionskonzil von Ferrara; seine Bestimmungen (u. a. Unterordnung der Orthodoxie unter das Papsttum) werden vom Konstantinopler Klerus und Volk nicht anerkannt.
1451–1481	Sultan Mehmet II. Fatih („der Eroberer").
1452	Bau der „Europäischen Burg" (Rumeli Hisarı) zur Sperrung des Bosporus.
1453, 29. Mai	Eroberung Konstantinopels durch die Osmanen. Der letzte oströmische Kaiser Konstantin XI. Palaiologos fällt.
1453, 1. Juni	Umwandlung der Hagia Sophia in die Sultansmoschee Aya Sofya.
1453	Die Genuesenstadt Galata unterwirft sich der Sultansherrschaft.
1458	Bau der Moschee in Eyüp mit Pilgerherbergen.
Ab 1468	Bau und Bezug der Sultansresidenz Topkapı Sarayı.
1470	Vollendung der Fatih Moschee (Mehmetiye) an Stelle der Apostelkirche.
Ende 15. Jh.	Wiederbesiedlung der Stadt mit muslimischen Türken, christlichen Griechen, Armeniern, Balkanslawen und Juden. Baubeginn des Großen Basars.
1509	Schweres Erdbeben und Flutwelle.
1517	Konstantinopel wird Sitz des Kalifen (in Personalunion mit dem Sultanstitel).

1520–1566	Sultan Süleyman der Gesetzgeber. Umfangreiches Bauprogramm, das von Mimar Sinan (gest. 1588) durchgeführt wird: Moscheekomplexe, Paläste, Aquädukte und Brunnenanlagen.
1603–1617	Bau der „Blauen Moschee" durch Sultan Ahmet an Stelle des Justinianspalastes.
1633; 1679	Feuersbrünste.
1654; 1657	Venezianische Flottenangriffe auf die Dardanellen.
1701	Nach Brand Wiederaufbau des Basars.
1703–1730	„Tulpenzeit" unter Sultan Ahmet III. Einfluss von Barock und Rokoko.
1755, 1756, 1782	Großfeuer.
1766	Erdbeben zerstört die Sultan-Mehmet-Moschee.
1770/74	Russische Kriegsflotten im Schwarzen Meer, in der Ägäis und im Bosporus.
1790	„Griechisches Projekt" der Zarin Katharina II.: Geplante Eroberung Konstantinopels durch Russland.
1808–1839	Reform-Sultan Mahmut II. Vernichtung der Janitscharen-Korps 1826.
1836	Erste Galata-Brücke.
1839–1876	Tanzimat (Neuordnung): Reform-Periode, Europäisierung. Gleichstellung aller osmanischen Untertanen, Religionsfreiheit; zivile Gesetzgebung. Verwaltung nach französischem Muster. Heeresreform.
1845	Erste Universität in Istanbul.
2. Hälfte 19. Jhs.	Anwachsen der muslimischen Flüchtlingsbevölkerung (Muhacir); Die griechische „megale Idea" (Große Idee) von der Wiederherstellung des christlich-orthodoxen Reiches und armenische Nationalstaatsgedanken führen zu religiösen und nationalen Spannungen in der Stadt.
1847/48	Renovierung der Hagia Sophia durch den Schweizer Architekten Gaspare Fossati.
1855/56	Umzug der sultanischen Hofhaltung vom Topkapı Sarayı in den Dolmabahçe-Palast am Bosporus.
nach 1856	Kommunale Selbstverwaltung. Großfeuer ermöglichen die Neuanlage ganzer Stadtteile nach dem Prinzip „Haussmann".
1864	Vollendung der neobarocken Ortaköy-Moschee am Bosporus.
nach 1870	In Pera lassen sich Griechen, Armenier, Juden und zahlreiche westliche Ausländer nieder. Umwandlung Peras in eine „Art déco Stadt". Anlage der mondänen Rue de Pera mit westlichen Botschaften und Bildungseinrichtungen.
Seit 1875	Standseilbahn „Tünel" in Pera in Betrieb.
1876–1909	Sultan Abdülhamit II. Autokratie, jedoch Weiterführung der Reformen und der Europäisierung des Reiches.
1878	Russischer Vormarsch auf Konstantinopel. Auf dem Berliner Kongress wird der Erhalt des Osmanischen Reiches bestätigt.
1882–1918	Deutsche Militärmission; Osmanisches Reich als Verbündeter Berlins.

1889	Orientexpress Paris-Wien-Konstantinopel. 1903 Bagdad-Bahn.
1889 und 1898	Besuch Kaiser Wilhelms II.; Stiftung des „Deutschen Brunnens".
1894	Erdbeben; Wiederaufbau des Basarviertels.
1908/09	Machtergreifung der Jungtürken. Nationalrevolutionäres Programm. Die Begriffe „Türke" und „Türkei" werden offiziell verwendet.
1912/13	Balkankriege; Verlust des europäischen Territoriums, die Grenzen Bulgariens und Griechenlands rücken bis auf 250 Kilometer an Istanbul heran.
1912–1991	Eiserne Ponton-Brücke der Firma MAN über das Goldene Horn.
1914–1918	Erster Weltkrieg. Jungtürkische Militärdiktatur; militante Nationalitätenpolitik, bes. gegen Armenier.
1915	Abwehrsieg Mustafa Kemals (1881–1938) gegen britisch-französische Landungsversuche an den Dardanellen.
1918	Kapitulation des Sultansreiches. Geplante Aufteilung in alliierte Besatzungszonen.
1918–1920	Britische, französische und italienische Besatzungstruppen in der Stadt.
1919/20	General Mustafa Kemal organisiert den Widerstand in Anatolien. Nationale Gegenregierung in Ankara. Istanbul wird unter alliiertes Kriegsrecht gestellt.
1921/22	Nationaler Befreiungskrieg; Kleinasiatische Katastrophe der Griechen.
1922, 19. Oktober	Einmarsch der Befreiungsarmee in Istanbul; Absetzung des letzten Sultans Mehmet VI. (reg. 1918–1922). Ende Konstantinopels als Kaiser- und Sultansresidenz.
Nach 1922	Armenier, Griechen und westliche Ausländer verlassen die Stadt.
1923	Vertrag von Lausanne: Die „Republik Türkei" konstituiert sich als Nationalstaat. Griechisch-Türkischer Bevölkerungsaustausch.
1923, 13. Oktober	Verlust der Hauptstadtfunktion zugunsten Ankaras.
1923–1934	Die Großen Reformen Atatürks; Gregorianischer Kalender mit Sonntag als Ruhetag; Verbot von Fez und orientalischer Kleidung; Tilgung arabischer Schriftzeichen im Stadtbild.
1930	Die Stadt erhält den offiziellen (schon lange gebräuchlichen) Namen „İstanbul".
1934	Die Aya Sofya wird Museum.
1936	Meerengen-Vertrag: Türkei erhält Kontrolle über Bosporus und Dardanellen.
1938, 10. Nov.	Tod des Staatspräsidenten Atatürk im Dolmabahçe-Palast.
1939	Anlage des Atatürk-Boulevards und der Atatürk-Brücke über den Haliç.
1941	Orhan Veli Kanık: „Ich höre Istanbul … "
1949	NATO-Beitritt der Türkei; Marshall-Plan-Hilfe zur „Modernisierung der Städte nach US-Vorbild".
1950–1960	Unter Präsident Adnan Menderes Maßnahmen zur „autogerechten Stadt".

1955	Anti-Griechische Ausschreitungen; der griechische Bevölkerungsanteil sinkt auf 2000 Einwohner.
1960	Machtübernahme des Militärs.
Seit 1970	Starke Zuwanderung aus dem Ost- und Südostanatolien. Entstehung von Gecekondular (irreguläre Vorort-Siedlungen).
1973	Inbetriebnahme der ersten Bosporus-Brücke zwischen Beşiktaş und Üsküdar.
1974–1980	Bürgerkrieg zwischen Rechts und Links, Spannungen mit Kurden und Alewiten erschüttern die Stadt.
1980	Staatsstreich des Militärs. Ausnahmezustand bis 1985.
1980/81	Einrichtung der „Großstadt-Verwaltung" mit Oberbürgermeister.
1981–1988	Sanierung des Goldenen Hornes; Anlage breiter Uferstraßen am Bosporus. Verlust historischer Bausubstanz.
1983–1993	Regierung Turgut Özal: Wirtschaftsliberalisierung. Istanbul als moderner Industriestandort. Weiterer Zuzug aus Anatolien.
1984	Topkapı, Aya Sofya und Landmauer UNESCO-Erbe der Menschheit.
1988	Eröffnung der zweiten Bosporus-Brücke. Fatih-Sultan-Mehmet-Brücke.
1990	Revitalisierung der Rue de Pera (İstiklal Caddesi).
1992	Die eiserne Ponton-Brücke wird durch ein Feuer zerstört. Bau der heutigen, im Untergrund verankerten Brücke über das Goldene Horn.
Seit 1994	Istanbul wird von Oberbürgermeistern muslimischer Parteizugehörigkeit regiert. Islam kehrt ins Stadtbild zurück; aber auch die Lösung urbaner Probleme wird eingeleitet: Abfallbeseitigung, Ausbau des Nahverkehrs, Anlage von Grünflächen und Abbau der Armenviertel.
1999	Erd- und Seebeben erschüttert die Marmara-Küste.
Seit 2002	Angleichung an EU-Normen; Modernisierungsschub; Ansiedlung von High-Tech und entwickelter Industrie in den Neubauvierteln Levent, Şişli und Maslak. Entstehung einer modernen Museumslandschaft und Kunstszene. Der Wirtschaftsboom endet vorerst mit der weltweiten Finanzkrise 2008/2009.
2007	Die Zahl der Touristen erreicht 6,5 Millionen.
2010	Kulturhauptstadt Europas mit umfangreichem Kulturprogramm.

Literatur

Neuere Monografien ab Erscheinungsdatum 2000

Akşit, Ilhan: Capital of Three Empires. Istanbul. Istanbul 2007.

Asutay-Effenberger, Neslihan: Sultan Mehmet II. Eroberer Konstantinopels. Patron der Künste. Köln 2009.

Dies.: Die Landmauer von Konstantinopel. Berlin 2007.

Atasoy, Nurhan: The Story of a Yalı on the Bosphorus. Istanbul 2004.

Cleave, John; Freely, John: Istanbul. City of two Continents. Singapore 2008.

Düll, Siegrid (Ed.): Frauen entdecken Konstantinopel und den Orient. Wien 2003.

Effenberger, Arne; Asutay-Effenberger, Neslihan: Byzanz. Kunst und Kultur. München 2010.

Evans, Helen (Ed.): Byzantium. Faith and Power 1261–1557. New York 2004.

Freely, John; Sumner-Boyd, Hillary: Strolling through Istanbul. The Classic Guide to the City. London 2010 (deutsche Ausgabe München 1992).

Grenon, Thomas; Ölcer, Nazan: De Byzance a Istanbul. Un Port pour deux Continents. Paris 2009.

Gronau, Dietrich: „Wir werden eine Republik". Ein Tag im Leben des Kemal Atatürk. Ein biografisches Porträt. Freiburg 2009.

Grulich, Rudolf: Christen unterm Halbmond. Vom Osmanischen Reich bis in die moderne Türkei. Augsburg 2008.

Gülersoy, Çelik; Kilian, Hendrikje: Historische Fotografien aus Istanbul. Heidelberg 2001.

Harris, Jonathan: Constantinople. Capital of Byzantium. London 2009.

Ders.: Byzantium and the Crusades. London 2003.

Höhfeld, Volker; Hütteroth, Wolf-Dieter: Türkei. Geographie, Geschichte, Wirtschaft, Politik. Darmstadt 2002.

Kalavrezou, Ioli (Ed.): Byzantine Women and their World. New Haven, Conn. 2003.

Köse, Yavuz; Elger, Ralf: Istanbul. Vom imperialen Herrschersitz zur Megalopolis. Historiographische Betrachtungen zu Gesellschaft, Institutionen und Räumen. München 2006.

Koydl, Wolfgang: Der Bart des Propheten. Haarige Geschichten aus Istanbul. Wien 2000.

Kreiser, Klaus: Istanbul. Ein historisch-literarischer Stadtführer. München 2001.

Ders.; Neumann, Christoph: Kleine Geschichte der Türkei. Stuttgart 2008.

Küçükerman, Önder: One Empire – Two Palaces. Topkapı and Dolmabahçe ... Istanbul 2007.

Mak, Geert: Die Brücke von Istanbul. Eine Reise zwischen Orient und Okzident. München 2007.

Matschke, Klaus-Peter: Konstantinopel. Alte und neue Beiträge zur Stadtgeschichte. Hamburg 2008.

Moser, Brigitte; Weithmann, Michael: Die Türkei. Nation zwischen Europa und dem Nahen Osten. Regensburg 2002.

Dies.: Landeskunde Türkei. Geschichte, Gesellschaft und Kultur. Hamburg 2008.

Nepcioğlu, Nevra: Byzantine Constantinople. Monuments, Topography and Every Day Life. Leiden 2001.

Runciman, Steven; Mendelssohn, Peter de: Die Eroberung Konstantinopels 1453. München 2007.

Sagaster, Börte: Istanbul. Eine literarische Einladung. Berlin 2008.

Sauter, Dieter: Istanbul (Bildband). München 2008.

Schreiner, Peter: Konstantinopel. Geschichte und Archäologie. München 2007.

Ders.: Byzanz 565–1453. München 2008.

Seger, Martin; Palencsar, Friedrich: Istanbul. Metropole zwischen den Kontinenten. Berlin 2006.

Stichel, Rudolf: Einblicke in den virtuellen Himmel. Neue und alte Bilder der Hagia Sophia in Istanbul. Tübingen 2008.

Strittmatter, Kai; Guntli, Reto: Istanbul. Metropole zwischen den Welten. München 2008.

Struck, Ernst; Istanbul. Themenheft Geographische Rundschau 1 (2010). Braunschweig 2010.

Thelen, Sibylle: Istanbul. Stadt unter Strom. Gesichter der neuen Türkei. Freiburg 2008.

Tomerius, Cornelia: Ein Jahr in Istanbul. Reise in den Alltag. Freiburg 2008.

Tsougarakis, Dimitris: Constantinople. City of Cities. Constantinople under the Byzantine Empire. Athen 2004.

Yerasimos, Stéphane; Arnsperger, Ursula: Istanbuls historisches Erbe. Köln 2002.

Ältere Standardwerke

Apa, Lale; Gürsel, Nedim; Mourad, Kenize u. a.: Living in Istanbul. Paris 1994.

Atil, Esin: The Age of Sultan Suleyman the Magnificent. Washington 1987.

Çelik, Zeynep: The Remaking of Istanbul. Portrait of an Ottoman City in the 19. Century. Seattle 1986.

Ducellier, Alain: Byzanz. Die Stadt und das Reich. Frankfurt 1990.

Eldem, Edhem; Goffman, Daniel u. a.: The Ottoman City between East and West. Cambridge UK 1999.

Freely, John: Istanbul. The Imperial City. London 1996.

Gallwitz, Esther (Ed.): Istanbul. Mit Illustrationen von Thomas Allom. Frankfurt/Main 1981.

Güler, Ara; Mango, Cyril: Istanbul. City of Seven Hills. A Photographic Journey through Byzanzine and Ottoman Monuments. Istanbul 1994.

Gülersoy, Çelik: Story of the Grand Bazaar. Istanbul 1981.

Ders.: The Çırağan Palaces. Istanbul 1992.

Ders.: Führer durch Istanbul. Istanbul 1973.

Ders.: Dolmabahçe Palace and its Environs. Istanbul 1990.

Ders.: Istanbul Görünümleri. Istanbuler Perspektive durch (die) Jahrhunderte I. Die Brücke und Galata. Istanbul 1975.

Hammer-Purgstall, Joseph von: Constantinopolis und der Bosporus örtlich und geschichtlich beschrieben. Neudruck der Ausgabe 1822. Osnabrück 1967.

Hotz, Walter: Byzanz, Konstantinopel, Istanbul. Handbuch der Kunstdenkmäler. Darmstadt 1971.

Istanbul. Themenheft bauwelt 36; Gütersloh, 1998.

Küçükerman, Önder: Das alttürkische Wohnhaus. Istanbul 1992.

Laqueur, Hans-Peter: Osmanische Friedhöfe und Grabsteine in Istanbul. Tübingen 1993.

Morin, Étienne: Istanbul. Traumstadt des Orients zur Zeit Süleymans des Prächtigen. Zürich, München 1988.

Müller-Wiener, Wolfgang: Bildlexikon zur Topographie Istanbuls. Byzantion, Konstantinupolis, Istanbul. Tübingen 1977.

Restle, Marcell: Istanbul, Bursa, Edirne, Iznik. Baudenkmäler und Museen (Reclams Kunstführer). Stuttgart 1976.

Rogers, John (Ed.): Topkapı-Sarayı-Museum. Bd. 1–5. Herrsching 1986–1988.

Sauermost, Heinz-Jürgen u. a.: Istanbuler Moscheen. München 1999.

Saz Hanımeffendi, Leyla: The Imperial Harem of the Sultans. Istanbul 1995.

Schweigger, Salomon: Zum Hofe des Türkischen Sultans. Leipzig 1986 (Original 1608).

Stewig, Reinhard: Byzanz, Konstantinopel, Istanbul. Ein Beitrag zum Weltstadtproblem. Kiel 1964.

Belletristische Literatur

Kanık Veli, Orhan; Pazarkaya, Yüksel: Fremdartig (Garip) Gedichte in zwei Sprachen. Köln 2006.

Kemal, Yaşar: Auch die Vögel sind fort. Zürich 1994.

Ders.: Zorn des Meeres. Zürich 1998.

Markaris, Petros: Die Kinderfrau. Ein Fall für Kostas Charitos (Istanbul-Krimi). Zürich 2009.

Pamuk, Orhan: Istanbul. Erinnerungen an eine Stadt. München 2008.

Ders.: Das Museum der Unschuld. München 2008.

Sartorius, Joachim: Die Prinzeninseln. Hamburg 2009.

Shafak, Elif: Der Bonbonpalast. Frankfurt 2008.

Weiner, Sigrid: Die Villa am Bosporus. Eine Familienchronik. Hamburg 1998.

Bildnachweis

Register

Orte, Völker (allgemein)

182